Findbuch des Bestandes Abt. 77
Dänische Ministerien

von Jörg Rathjen

Veröffentlichungen des Landesarchivs Schleswig-Holstein
Band 114

Jörg Rathjen

Findbuch des Bestandes Abt. 77

Dänische Ministerien

Hamburg University Press
Verlag der Staats- und Universitätsbibliothek Hamburg
Carl von Ossietzky

Impressum

Bibliografische Information der Deutschen Nationalbibliothek:
Die Deutsche Nationalbibliothek verzeichnet diese Publikation in der Deutschen Nationalbibliografie; detaillierte bibliografische Daten sind im Internet über http://dnb.d-nb.de abrufbar.

Online-Ausgabe
Die Online-Ausgabe dieses Werkes ist eine Open-Access-Publikation und ist auf den Verlagswebseiten frei verfügbar. Die Deutsche Nationalbibliothek hat die Online-Ausgabe archiviert. Diese ist dauerhaft auf dem Archivserver der Deutschen Nationalbibliothek (https://portal.dnb.de/) verfügbar.

DOI https://dx.doi.org/10.15460/HUP.LASH.114.188

Printausgabe
ISSN 1864-9912
ISBN 978-3-943423-55-6

Redaktion: Veronika Eisermann, Rainer Hering, Sven Schoen, Malte Bischoff
Gestaltung: Atelier Bokelmann, Schleswig
Produktion: Books on Demand, Norderstedt

Verlag
Hamburg University Press, Verlag der Staats- und Universitätsbibliothek Hamburg Carl von Ossietzky, Hamburg (Deutschland), 2018
http://hup.sub.uni-hamburg.de

INHALTSVERZEICHNIS

VORBEMERKUNG

Behördengeschichte

Im Zusammenhang mit dem Übergang des Königreichs Dänemark von einer absolutistisch zu einer konstitutionell verfassten Monarchie im Jahr 1848 erfolgte eine grundlegende Modernisierung der Verwaltung auf zentraler Ebene. An die Stelle der im 16. und 17. Jahrhundert entstandenen Kollegialbehörden wie etwa der Dänischen Kanzlei, der Schleswig-Holstein-Lauenburgischen Kanzlei (Deutsche Kanzlei) oder der Rentekammer traten nun Ministerien. Im Verlauf des Jahres entstanden das Kriegsministerium (März 1848), das Justizministerium (April 1848), das Ministerium für Kirchen- und Unterrichtswesen (April 1848), das Marineministerium (April 1848), das Außenministerium (August 1848), das Innenministerium (Oktober 1848) und das Finanzministerium (November 1848). An der Spitze der neuen Zentralbehörden standen Minister, die dem Reichstag verantwortlich waren.

Die zum dänischen Gesamtstaat gehörigen Herzogtümer Schleswig, Holstein und Lauenburg erhielten nach dem Ende der Schleswig-Holsteinischen Erhebung (1848-1851) eigene Ministerien: Im März 1851 nahm das Ministerium für das Herzogtum Schleswig seine Tätigkeit auf, im Januar 1852 folgte das Ministerium für die Herzogtümer Holstein und Lauenburg. Im Gegensatz zu ihren Kollegen hatten die beiden Minister nicht dem Reichstag, sondern direkt dem König Rechenschaft über ihre Amtsführung abzulegen.

Mit Einführung der Gesamtstaatsverfassung 1855 errichtete man das Ministerium für die gemeinschaftlich inneren Angelegenheiten der Monarchie. Es übernahm von den anderen Ministerien verschiedene Aufgabenbereiche, so z. B. vom Ministerium für das Herzogtum Schleswig das Domänen- sowie das Forst- und Jagdwesen. Bereits 1858 wurde diese Behörde allerdings wieder aufgelöst; ihre sämtlichen Aufgaben gingen auf das Finanzministerium über.

Auskunft über Organisation und Personal der Ministerien geben die dänischen Hof- und Staatskalender sowie das Werk von Kringelbach (siehe Literaturhinweise).

Die Zuständigkeit der Ministerien in Kopenhagen für die Herzogtümer endete mit deren Übergabe an Preußen und Österreich im Wiener Frieden vom Oktober 1864.

Bestandsgeschichte

Das vorliegende Findbuch präsentiert die im Landesarchiv Schleswig-Holstein verwahrte Überlieferung des Justiz-, Innen-, Finanz- und Marineministeriums. Die Akten der Ministerien gehörten zu dem Schriftgut, das Dänemark gemäß den Bestimmungen des Wiener Friedens 1873 an Preußen auslieferte.

Ein Teil der Ablieferung gelangte bereits zu diesem Zeitpunkt in das Staatsarchiv in Schleswig und bildete den Bestand A XXVI.4. Der andere Teil kam über den Umweg des preußischen Regierungsarchivs bei dessen Auflösung 1922 in das Staatsarchiv. Dort wurde es mit dem bereits verwahrten Ministerialschriftgut im Bestand Abt. 77.1-4 zusammengefasst.

Eine Verzeichnung des ministeriellen Archivguts erfolgte im Jahr 1935. Bei dieser Gelegenheit wurde der Teilbestand Abt. 77.3a (Statistisches Büro des Finanzministeriums) aufgelöst; die dort zusammengefassten Akten zur Volkszählung von 1860 ordnete man dem Bestand Abt. 412 (Volkszählungen) zu. Außerdem gingen Archivalien zum Zollwesen aus Abt. 68 (Oberste Zoll- und Kommerzbehörden in den Herzogtümern und Kopenhagen bis 1867) in den Bestand des Finanzministeriums über (Abt. 77.3b).

Hinsichtlich einer raschen und zielgerichteten Recherche war der Erschließungszustand des Bestandes wenig befriedigend. Insbesondere das 1935 erstellte Findbuch genügte keinen modernen archivfachlichen Standards mehr. Um den Zugang zu diesem vor allem für sozial- und wirtschaftsgeschichtliche Themen sowie für die Lokalforschung interessanten Bestand zu verbessern, wurde er im Jahr 2014 komplett durchgesehen und in die archivische Datenbank aufgenommen. Hierbei wurden die Angaben des alten Findmittels zu Titeln und Laufzeiten sämtlicher Archivalien am Bestand überprüft. Gelegentlich erhielten umfangreiche oder schwer verständliche Aktentitel eine kürzere bzw. modernere Version. In anderen Fällen schien es sinnvoll, ältere, heute nicht mehr gebräuchliche Bezeichnungen beizubehalten, sofern sie gängige Suchbegriffe darstellen. Aus praktischen Gründen erfolgte bei den zumeist überaus umfangreichen Archivalienkonvoluten eine Aufteilung in mehrere kleinere Verzeichnungseinheiten. Die Unterabteilungen wurden aufgelöst und die Verzeichnungseinheiten durchgehend neu signiert; Konkordanzen am Ende des Findbuchs geben Aufschluss über die Umsignierungen.

Ein Orts-, Sach- und Personenregister bildet den Abschluss dieses Findbuchs. Klassifikationsbegriffe wurden in der Regel nicht aufgenommen. Für die Suche nach einem Thema oder einem Sachbegriff sollte zuerst die sachsystematische Gliederung benutzt werden und als Ergänzung das Register. Es ist dabei zu beachten, dass die Begriffe für die Register aus den Titelaufnahmen stammen, also nicht etwa alle Nennungen in den Akten selbst erfassen.

Eine wesentliche Änderung, die sich aus der Neuerschließung ergibt, betrifft den deutlich vergrößerten Bestandsumfang. Es konnten rund zwölf laufende Meter bisher unverzeichneten Schriftguts aus dem Finanzministerium eingearbeitet werden, das bislang im Bestand Abt. 68 ungeordnet lag. Inhaltlich handelt es sich bei diesem Zuwachs um Akten des holstein-lauenburgischen Zollrevisionsbüros des Ministeriums.

Im Bestand Abt. 77 befinden sich nur wenige Akten des Justiz-, Innen- und Marineministeriums. Den Schwerpunkt bildet die Überlieferung des Finanzministeriums. Dessen Archivalien zum Zollwesen betreffen vorwiegend holsteinische und lauenburgische, aber auch lübeckische Angelegenheiten; die Archivalien zum Domänen- sowie zum Forst- und Jagdwesen hingegen beziehen sich ausnahmslos auf das Herzogtum Schleswig.

Hingewiesen werden soll auch darauf, dass die ministerielle Überlieferung nicht erst mit dem Jahr 1848 einsetzt. Da in die Registraturen, und hier vor allem in die des Finanzministeriums, auch Akten von Vorgängerbehörden eingegangen sind, reicht die Laufzeit der Verzeichnungseinheiten vielfach bis in das 17./18. Jahrhundert zurück.

Für die Recherche in Zollfragen sei noch auf einen weiteren bedeutsamen Bestand verwiesen: Seit 1855 war für die Zollverwaltung ein Generalzolldirektorat zuständig, das dem Finanzministerium unterstand. Die entsprechende Überlieferung im Landesarchiv findet sich in Abt. 68.

Die Ministerien für das Herzogtum Schleswig sowie für die Herzogtümer Holstein und Lauenburg bilden im Landesarchiv eigene Bestände (Abt. 79 und Abt. 80).

Das Landesarchiv verwahrt nur einen geringen Umfang an Archivgut der dänischen Ministerien. Die Hauptmasse der Archivalien der im vorliegenden Findbuch aufgelisteten Behörden befindet sich im dänischen Reichsarchiv in Kopenhagen. Zu den dortigen Beständen informiert das dänische Online-Archivalieninformationssystem DAISY.

Laufzeit: (1572-) 1722-1864

Der Bestand Abt. 77 umfasst 50 laufende Meter Archivalien.

Literaturhinweise

G. N. Kringelbach: Den civile centraladministration 1848-1893. Kopenhagen 1894.
Rigsarkivet og hjælpemidlerne til dets benyttelse. Teil 2 Bd. 1. Hrsg. von Wilhelm von Rosen. Kopenhagen 1991.

Benutzungshinweise

Zitierweise: Sigle des Landesarchivs, Abteilungsbezeichnung und Nummer, also zum Beispiel LASH Abt. 77 Nr. 50.

Schleswig, im Oktober 2018 — Jörg Rathjen

JUSTIZMINISTERIUM

1 Gesuche aus dem Amt Ripen an den dänischen König in Rechtsangelegenheiten 1849-1861

2 Gesuche aus dem Amt Ripen an den dänischen König in Rechtsangelegenheiten 1861-1864

3 Gesuche aus dem Amt Ripen an den dänischen König in Rechtsangelegenheiten 1859-1863

INNENMINISTERIUM

4 Königliche Gnadenbewilligungen vorwiegend für Personen im Amt Ripen 1849-1864

5 Konzepte von Schreiben des Innenministeriums an den Amtmann in Ripen 1849-1856

6 Konzepte von Schreiben des Innenministeriums an den Amtmann in Ripen 1856-1864

FINANZMINISTERIUM

Zoll

Allgemeines

7 Organisationsplan und Instruktion für die holsteinische Gendarmerie
Darin: Gesetze; Bekanntmachungen (1838-) 1853

8 Organisationsplan und Instruktion für die holsteinische Gendarmerie 1853-1854
Darin: „Handbuch zum Gebrauch für die Holsteinische Grenzgendarmerie". Kopenhagen, 1854; Gesetze; Bekanntmachungen

9 Einsendung von Drucksachen über das österreichische Zollwesen 1853

Darin: „Anleitung zur Verfassung der Waarenerklärung zum Behufe des Zollverfahrens bei den k. u. k. österreichischen Zollämtern". Wien 1853

10 Zolltarif des deutschen Zollvereins 1853

Darin: „Altonaer Zeitung für Politik, Handel und Schiffahrt" vom 17. November 1853

11 Patent vom 5. Mai 1853 für das Herzogtum Holstein über Kontrollmaßnahmen im Grenzzolldistrikt 1852-1853

Darin: Patente; Gesetzesblätter; Verordnungssammlungen

12 Anordnung einer Brennsteuer für das Herzogtum Holstein 1852-1855

13 Patent für das Herzogtum Schleswig vom 15. April 1854 zur Besteuerung des Branntweinbrennens 1850-1854

17 Erlass des Patents vom 18. Februar 1846 zum Transithandel 1845-1853

18 Gebrauch der dänischen Sprache im Herzogtum Schleswig 1844-1862

Darin: „Officiel Tidende" vom 5. November 1852

19 Zollbehandlung dänischer Produkte in den Herzogtümern 1852

20 Zollbehandlung der als unverkauft aus Dänemark zurückgehenden inländischen Produkte 1848-1852

21 Bestrafungen wegen Schmuggelei 1850-1851

Enthält: Johann Christian Jenkel, Altona; J. H. Braas und Caspar Steebock, Bramstedt, sowie Jasper Fölster, Schmalfeld, und Marx Wendt, Bimöhlen

24 Anschluss des Fürstentums Lübeck an das Zoll- und Brennsteuersystem des Herzogtums Holstein (1820-) 1852-1853

25 Anschluss der lübeckischen und hamburgischen Enklaven an das Zoll- und Brennsteuersystem des Herzogtums Holstein sowie Verhandlungen mit Hamburg und Lübeck über die sogenannten Nacheile (1840-) 1852-1854

Enthält u. a.: Verzeichnisse der Bewohner in den betreffenden Dörfern, 1853
Darin: Verträge; Patente

26 Vorarbeiten, Materialien und Korrespondenzen über den geplanten Anschluss des Herzogtums Lauenburg mit Enklaven und angrenzenden Gebieten an das Zollsystem der dänischen Monarchie (1702-1765) 1846-1854

Beamte

449 Ausgelieferte Kautionen holsteinischer Zollhebungsbeamter: Altona, Brunsbüttel, Büsum (1792-) 1809, 1829-1858

450 Ausgelieferte Kautionen holsteinischer Zollhebungsbeamter: Büttel, Dwerkathen, Eichede, Elmshorn, Glückstadt, Grande, Hansfelde 1837-1863

456 Ausgelieferte Kautionen holsteinischer Zollhebungsbeamter: Haseldorf, Hellbrook, Hetlingen und Hetlinger Schanze 1842-1856

451 Ausgelieferte Kautionen holsteinischer Zollhebungsbeamter: Heide, Heiligenhafen, Hoheluft 1842-1859

452 Ausgelieferte Kautionen holsteinischer Zollhebungsbeamter: Hohenwestedt, Hohwacht, Itzehoe, Kellinghusen, Klein Wesenberg 1830-1863

453 Ausgelieferte Kautionen holsteinischer Zollhebungsbeamter: Langenfelde, Lütjenburg, Meldorf, Neumünster 1776-1857

454 Ausgelieferte Kautionen holsteinischer Zollhebungsbeamter: Oldesloe, Ottensen, Pahlhude, Plön, Pinneberg 1844-1862

455 Ausgelieferte Kautionen holsteinischer Zollhebungsbeamter: Preetz und Poppenbüttel 1843-1856

457 Ausgelieferte Kautionen holsteinischer Zollhebungsbeamter: Reinbek und Schwartau 1844-1861

458 Ausgelieferte Kautionen holsteinischer Zollhebungsbeamter: Segeberg, Stockelsdorf, Tornesch, Uetersen, Wilster 1831-1862

459 Ausgelieferte Kautionen holsteinischer Zollhebungsbeamter: Wandsbek 1838-1860

461 Ausgelieferte Kautionen lauenburgischer Zollhebungsbeamter (1840) 1841-1861

460 Ausgelieferte Kautionen lauenburgischer Zollhebungsbeamter (1840) 1841-1863

Zollbegünstigung

15 Zollbegünstigungen für die Eisengießerei Carlshütte bei Rendsburg 1851-1853

16 Aufhebung von Zollbegünstigungen für Altona und den Flecken Wandsbek (1838-) 1852-1854
Darin: Patente; Gesetze

Robben- und Walfang

14 Robben- und Walfang 1852-1853
Enthält: Berichte des Zollamtes Elmshorn über die Fänge einiger Schiffe; Traneinfuhr nach Kiel

Eisenbahn

22 Eisenbahn Lübeck–Büchen (1835-) 1847
Enthält u. a.: Verhandlungen mit Lübeck über die Regulierung der Schifffahrts- und Zollverhältnisse auf der Trave und Stecknitz; geschichtlicher Abriss über die Postverhältnisse in Lübeck

23 Eisenbahn Lübeck–Büchen 1844-1852
Enthält u. a.: Verhandlungen mit Lübeck; Stellung der Stadt Lauenburg zum Projekt; Verhandlungen zum Zollwesen auf der Stecke

Zollrevision

Allgemeines und Personal

479 Holstein-Lauenburgisches Zollrevisionskontor: Sammlung von Verordnungen, Bestimmungen und Gebührentaxen 1829-1853

443 Zollrevision (1855-) 1863-1864
Enthält u. a.: Einsendung von Zollrechnungen der holsteinischen und lauenburgischen Zollämter

462 Angelegenheiten des Holstein-Lauenburgischen Zollrevisionskontors 1850-1864
Enthält u. a.: Verzeichnis der unerledigten Angelegenheiten 1863; Gewährung von Urlaub für die Assistenten Heesch, Klingemann und Christiansen; Anfertigung von Zollrechnungsbüchern für 1864/65; Maßnahmen anlässlich der Besetzung der Herzogtümer Holstein und Lauenburg

444 Holstein-Lauenburgisches Zollrevisionskontor: Personalangelegenheiten (1848) 1852-1855

Holstein-lauenburgische Zollrechnungen

480 Verzeichnis der Notaten zu den Rechnungen der holsteinischen und lauenburgischen Zollstätten 1839-1846

474 Konzeptdezisionen zu den holsteinischen und lauenburgischen Zollrechnungen 1844-1856

473 Konzeptdezisionen zu den holsteinischen und lauenburgischen Zollrechnungen 1857-1863

441 Hebungsextrakte der Kanalzollämter 1848-1851

448 Anfertigung von Quittungsblanquetten zu den Übersichten über die Einnahmen und Ausgaben in den holsteinischen und lauenburgischen Zollrechnungen 1847-1858

445 Zollrechnungen der Herzogtümer Holstein und Lauenburg von 1846 bis 1851: Verzeichnis der Quittungen sowie Übersicht über Einnahmen und Ausgaben 1848-1854

442 Zollrechnungen der Herzogtümer Holstein und Lauenburg von 1852 bis 1853: Übersicht über Einnahmen und Ausgaben 1854-1856

236 Zollrechnungen der Herzogtümer Holstein und Lauenburg von 1853 bis 1856: Übersicht über Einnahmen und Ausgaben 1856-1857

447 Zollrechnungen der Herzogtümer Holstein und Lauenburg von 1856 bis 1859: Verzeichnis der Quittungen sowie Übersicht über Einnahmen und Ausgaben 1858

446 Zollrechnungen der Herzogtümer Holstein und Lauenburg von 1859 bis 1863: Verzeichnis der Quittungen sowie Übersicht über Einnahmen und Ausgaben 1861-1864

511 Revision der holsteinischen Zollrechnungen 1847 1847-1853

512 Revision der holsteinischen Zollrechnungen 1847 1847-1853

514 Revision der holsteinischen Zollrechnungen 1848 1848-1850

515 Revision der holsteinischen Zollrechnungen 1848 1848-1850

518 Revision der holsteinischen Zollrechnungen 1849 1849-1851

519 Revision der holsteinischen Zollrechnungen 1849 1849-1851

507 Revision der holsteinischen Zollrechnungen 1850 1851-1853

508 Revision der holsteinischen Zollrechnungen 1850 1851-1853

520 Revision der holsteinischen Zollrechnungen 1851 1851-1853

521 Revision der holsteinischen Zollrechnungen 1851 1851-1853

497 Generalübersichten über Einnahme und Ausgabe der holsteinischen Zollämter 1851

498 Generalübersichten über Einnahme und Ausgabe der holsteinischen Zollkontrolle 1851

500 Generalübersichten über Einnahme und Ausgabe der holsteinischen Zollämter 1852-1853

501 Generalübersichten über Einnahme und Ausgabe der holsteinischen Zollämter 1852-1853

505 Generalübersichten über Einnahme und Ausgabe der holsteinischen Zollämter 1853-1854

506 Generalübersichten über Einnahme und Ausgabe der holsteinischen Zollämter 1853-1854

503 Generalübersichten über Einnahme und Ausgabe der holsteinischen Zollämter 1854-1855

504 Generalübersichten über Einnahme und Ausgabe der holsteinischen Zollämter 1854-1855

469 Zollrevision im Herzogtum Lauenburg 1844-1855
Enthält u. a.: Zolleinnahmen in Tesperhude, Geesthacht und Besenhorst 1842-1850

467 Zollrevision im Herzogtum Lauenburg 1851-1854
Enthält u. a.: Verzeichnis der vom Transitzoll befreiten Waren

468 Zollrevision im Herzogtum Lauenburg 1854-1855

470 Zollrevision im Herzogtum Lauenburg 1855-1857

471 Zollrevision im Herzogtum Lauenburg 1856-1857

472 Zollrevision im Herzogtum Lauenburg 1857-1858

475 Zollrevision im Herzogtum Lauenburg 1858-1859

476 Zollrevision im Herzogtum Lauenburg 1859-1860

477 Zollrevision im Herzogtum Lauenburg (1858-) 1860

463 Zollrevision im Herzogtum Lauenburg 1860-1861

464 Zollrevision im Herzogtum Lauenburg 1861-1862

465 Zollrevision im Herzogtum Lauenburg 1862-1863

466 Zollrevision im Herzogtum Lauenburg (1859-) 1863

513 Revision der lauenburgischen Zollrechnungen 1847 1847-1853

516 Revision der lauenburgischen Zollrechnungen 1848 1848-1849

517 Revision der lauenburgischen Zollrechnungen 1849 und 1850 1848-1851

478 Zollrechnungen des Herzogtums Lauenburg: Notaten 1848-1850

522 Revision der lauenburgischen Zollrechnungen 1851 1851-1853

499 Generalübersichten über Einnahme und Ausgabe der lauenburgischen Zollämter 1852-1853

509 Generalübersichten über Einnahme und Ausgabe der lauenburgischen Zollämter 1853-1854

510 Generalübersichten über Einnahme und Ausgabe der lauenburgischen Zollämter 1853-1854

502 Generalübersichten über Einnahme und Ausgabe der lauenburgischen Zollämter 1854-1855

481 Stecknitzzollregister: Beilagen 1862-1863

482 Elbzollrechnung: Beilagen 1862-1863

Zollstätten in den Herzogtümern Holstein und Lauenburg sowie im Fürstentum Lübeck

579 Zollrechnung Ahrensfelde: Notaten 1839-1862
Enthält auch: Notaten zur Zollrechnung Eckernschmiede 1839

576 Schiffsregister sowie Hafen- und Akziserechnung Altona: Notaten 1839-1862

495 Schiffsregister und Schiffsmessprotokolle in Altona 1852-1856

496 Schiffsregister und Schiffsmessprotokolle in Altona 1857-1862

563 Zollrechnung Bahnhof Altona: Notaten 1844-1853

560	Zollrechnung Bahnhof Altona: Notaten	1853-1863
486	Zollrechnung Bahnhof Altona: Ladungsverzeichnisse	April 1863
488	Zollrechnung Bahnhof Altona: Ladungsverzeichnisse	April 1863
485	Zollrechnung Bahnhof Altona: Ladungsverzeichnisse	Mai 1863
493	Zollrechnung Bahnhof Altona: Ladungsverzeichnisse	Mai 1863
483	Zollrechnung Bahnhof Altona: Ladungsverzeichnisse	Juni 1863
489	Zollrechnung Bahnhof Altona: Ladungsverzeichnisse	Juni 1863
487	Zollrechnung Bahnhof Altona: Ladungsverzeichnisse	Juli 1863
492	Zollrechnung Bahnhof Altona: Ladungsverzeichnisse	Juli 1863
490	Zollrechnung Bahnhof Altona: Ladungsverzeichnisse	August 1863
494	Zollrechnung Bahnhof Altona: Ladungsverzeichnisse	August 1863
484	Zollrechnung Bahnhof Altona: Ladungsverzeichnisse	September 1863
491	Zollrechnung Bahnhof Altona: Ladungsverzeichnisse	September 1863
536	Zollrechnung Bielenberg: Notaten	1839-1851
562	Zollrechnung Blankenese: Notaten	1839-1862
581	Zollrechnung Bramstedt: Notaten	1839-1863
600	Zollrechnung Brokdorf: Notaten	1839-1863
573	Zollrechnung Brunsbüttel und König-Friedrich-VII.-Koog: Notaten	1839-1862
570	Zollrechnung Büchen: Notaten	1839-1862
568	Zollrechnung Burg: Notaten	1840-1862

571	Zollrechnung Büsum: Notaten Enthält auch: Notaten zu den Rechnungen der Tonnen- und Bakengelder in Dithmarschen 1842 und 1843	1842-1863
599	Zollrechnung Büttel: Notaten	1839-1863
612	Zollrechnung Dahme, Grömitz und Pelzerhaken: Notaten	1839-1861
569	Zollrechnung Dwerkaten: Notaten	1839-1861
593	Zollrechnung Eichede: Notaten	1839-1862
575	Zollrechnung Elmshorn: Notaten	1842-1854
591	Zollrechnung Elmshorn: Notaten	1854-1862
565	Zollrechnung Eutin: Notaten	1853-1862
556	Zollrechnung Friedrichsruh: Notaten	1847-1862
558	Zollrechnung Glückstadt: Notaten	1839-1843
557	Zollrechnung Glückstadt: Notaten	1844-1848
534	Zollrechnung Glückstadt: Notaten	1849-1854
602	Zollrechnung Glückstadt: Notaten	1854-1863
592	Zollrechnung Grande: Notaten	1839-1863
597	Land- und Wehrzollrechnung Grande: Notaten	1843-1863
595	Zollrechnung Grönau: Notaten	1841-1863
596	Zollrechnung Hahnenburg: Notaten	1841-1861
532	Zollrechnung Hansfelde: Notaten	1843-1863
531	Zollrechnung Harksheide: Notaten	1841-1863
529	Zollrechnung Haseldorf: Notaten	1839-1862
538	Zollrechnung Heide: Notaten	1840-1850

583	Zollrechnung Heide: Notaten	1851-1863
537	Zollrechnung Heiligenhafen: Notaten	1839-1862
559	Zollrechnung Hellbrook: Notaten	1839-1862
528	Zollrechnung Hetlingen und Hetlinger Schanze: Notaten	1840-1862
523	Zollrechnung Hoheluft: Notaten	1839-1863
567	Brennsteuerrechnung Hohenwestedt: Notaten	1853-1855
546	Zollrechnung Hohwacht: Notaten	1840-1862
542	Zollrechnung Itzehoe: Notaten	1839-1863
548	Zollrechnung Karolinenkoog und Schülpersiel: Notaten	1839-1843
541	Zollrechung Kehrwieder: Notaten	1843-1858
527	Zollrechnung Kellinghusen: Notaten	1839-1862
607	Zollrechnung Kiel: Notaten	1839-1841
608	Zollrechnung Kiel: Notaten	1842-1846
582	Zollrechnung Kiel: Notaten	1847-1853
609	Zollrechnung Kiel: Notaten	1853-1862
533	Zollrechnung Klein Wesenberg: Notaten	1839-1863
535	Zollrechnung Kollmar: Notaten	1852-1863
606	Zollrechnung Krempe: Notaten	1839-1862
525	Zollrechnung Krückau: Notaten	1840-1863
544	Zollrechnung Laboe: Notaten	1843-1861
549	Zollrechnung Langenfelde: Notaten	1839-1853
524	Zollrechnung Langenfelde: Notaten	1853-1862

551	Elbe- und Stecknitzzollrechnung Lauenburg: Notaten	1840-1863
540	Zollrechnung Lauenburg: Notaten	1841-1860
539	Zollrechnung Lübeck Bahnhof, Lütau und Marienstedt: Notaten	1841-1862
547	Zollrechnung Lunden: Notaten	1841-1863
545	Zollrechnung Lütjenburg: Notaten	1839-1862
550	Zollrechnung Meldorf: Notaten	1839-1861
554	Zollrechnung Mölln: Notaten	1839-1862
610	Zollrechnung Neufeld (Landschaft Süderdithmarschen): Notaten	1839-1863
580	Zollrechnung Neumünster: Notaten	1839-1851
598	Zollrechnung Neumünster: Notaten	1852-1863
611	Zollrechnung Neustadt: Notaten	1839-1862
553	Zollrechnung Neuvorwerk: Notaten	1851-1862
566	Zollrechnung Niendorf: Notaten	1853-1862
577	Zollrechnung Oldenburg: Notaten	1839-1862
578	Zollrechnung Oldesloe: Notaten	1839-1862
615	Zollrechnung Ottensen: Notaten	1845-1855
574	Zollrechnung Ottensen: Notaten	1855-1863
589	Zollrechnung Pahlhude: Notaten	1840-1862
552	Zollrechnung Palmschleuse: Notaten	1839-1863
604	Zollrechnung Pinneberg: Notaten	1839-1863
588	Zollrechnung Plön: Notaten	1839-1862

530 Zollrechnung Poppenbüttel, Hummelsbüttel und Ochsenzoll: Notaten 1839-1862

543 Zollrechnung Preetz: Notaten 1839-1862

585 Zollrechnung Ratzeburg: Notaten 1841-1863

617 Zollrechnung Reinbek: Notaten 1839-1862

586 Zollrechnung Salem, Söhren und Mustin: Notaten 1843-1862

616 Zollrechnung Sande: Notaten 1839-1863

601 Zollrechnung Sankt Margarethen: Notaten 1839-1862

603 Zollrechnung Schiffbek: Notaten 1839-1862

584 Zollrechnung Schmielau: Notaten 1838-1863

564 Zollrechnung Schwartau: Notaten 1841, 1853-1862

555 Zollrechnung Schwarzenbek: Notaten 1847-1862

614 Zollrechnung Segeberg: Notaten 1839-1863

613 Zollrechnung Stockelsdorf: Notaten 1839-1862

587 Zollrechnung Tesperhude, Geesthacht und Besenhorst: Notaten 1845-1863

605 Zollrechnung Tornesch: Notaten 1846-1863

594 Zollrechnung Trittau: Notaten 1839-1863

572 Zollrechnung Turow, Fredeburg, Wasserkrug, Krummesse: Notaten 1841-1863

620 Zollrechnung Uetersen: Notaten 1839-1862

622 Zollrechnung Wandsbek: Notaten 1839-1862

561 Zollrechnung Wedel: Notaten 1839-1863

621 Zollrechnung Wentorf (Lauenburg) und Rotenhaus: Notaten 1839-1863

619 Zollrechnung Wewelsfleth: Notaten 1839-1862

618 Zollrechnung Wilster: Notaten 1839-1862

590 Zollrechnung Wöhrden: Notaten 1839-1863

526 Zollrechnung Wrist: Notaten 1846-1854

Domänen im Herzogtum Schleswig

Allgemeines

235 Bankhaftangelegenheiten 1813-1858

237 Förderung des Anwachses an herrschaftlichen Vorufern 1858-1864

238 Förderung des Anwachses an herrschaftlichen Vorufern (1731-) 1860-1864

260 Domänen: Allgemeines 1842-1859
Enthält u. a.: Grundsteuerfreiheit für die ehemaligen Besitzungen des Herzogs von Schleswig-Holstein-Sonderburg-Augustenburg auf Alsen; Reparaturen an herrschaftlichen Baustücken; Veräußerung von Domanialstücken; Berichte über Ausgaben aus den Domanialeinkünften

261 Domänen: Allgemeines 1856-1857
Enthält u. a.: Einnahmen und Ausgaben in den augustenburgischen und gravensteinischen Rechnungen; Bericht über die Größe der Landmaße im Herzogtum Schleswig in dänischen Quadratellen; Festeverhältnisse

262 Domänen: Allgemeines (1779-) 1857-1861
Enthält u. a.: Bankhaft; Ausgaben für das Bauwesen; Festeverhältnisse in Glücksburg

263 Domänen: Allgemeines (1668, 1705-1720) 1857-1863
Enthält: rechnungstechnische Behandlung von Domanialeinahmen (mit Abschriften von Registern über herrschaftliche Gefälle und Abgaben aus der Stadt Husum, 1705-1720); Ausgaben aus den Domanialeinnahmen; Forderungen der Staatskasse an adlige Güter

264 Domänen: Allgemeines (1829) 1845-1863
Enthält vor allem: Einnahme von Kammerkontraktgebühren; Beiträge zur allgemeinen Deichkasse

265 Domänen: Allgemeines 1859-1862
Enthält: Entwurf eines Gesetzes zur Veräußerung von Grundstücken und Berichte über pachtfrei werdende Domanialstücke
Darin: Gesetz zur Veräußerung verschiedener Grundstücke und anderer Immobilien, 1862; Grundriss der Gebäude und Grundstücke des Schlosses Augustenburg

266 Domänen: Allgemeines 1855-1864
Enthält vor allem: Anweisung von Gagen und Diäten für Amtspersonal und Bedienstete; Hebung von zu den Domanialeinnahmen gehörenden Taxen und Tarifen

291 Gesetz über die Auflösung der Erbpachtsverhältnisse (1805) 1859-1863

297 Herrschaftliche Pachtstücke 1802-1852
Enthält u. a.: Verpachtung der Fischerei; Stampfmühle und Stampfmühlenteich bei Apenrade
Darin: „Flensburger Zeitung“ vom 13., 15. und 17. Januar 1851; „Berlingske politiske og Avertissements-Tidende“ vom 15., 22. und 25. Januar 1851 sowie vom 11. bis 13. Juni 1851

307 Wegeunterhaltungspflicht des Staates (1702-1716) 1849-1856

310 Domänen (1795-) 1828-1864
Enthält u. a.: Wohnung des Zollinspektors in Tönning; Deichbandbeiträge der Zeitpachtländereien im Gotteskoog; Beitrag zum Gehalt des Predigers an der Alten Kirche auf Pellworm; Diäten für das Inspektorat der adligen Güter Nübel, Unewatt und Norgaard; Korndeputat der Prediger in Schwabstedt

311 Domänen 1785-1863
Enthält u. a.: Gotteskoog

312 Domänen 1857-1864
Enthält vor allem: Bitten des Ministeriums für das Herzogtum Schleswig um Zahlungsanweisungen

313 Domänen 1856-1864
Enthält u. a.: Auslagen für Kosten des Domänenwesens; Steuern und Abgaben von herrschaftlichen Ländereien in den Marschharden des Amtes Tondern; Abgaben von zum Chaussee- und Eisenbahnbau abgetretenen Ländereien
Darin: Vaterländisches Archiv für das Herzogthum Lauenburg. Dritter Band. Drittes Heft. Ratzeburg 1863

315 Verzeichnisse und Konzepte von ausgehenden Schreiben des Schleswigschen Domänenkontors Januar-September 1856

316 Verzeichnisse und Konzepte von ausgehenden Schreiben des Schleswigschen Domänenkontors Oktober-Dezember 1856

317 Verzeichnisse und Konzepte von ausgehenden Schreiben des Schleswigschen Domänenkontors Januar-Juli 1857

318 Verzeichnisse und Konzepte von ausgehenden Schreiben des Schleswigschen Domänenkontors August-Dezember 1857

319 Verzeichnisse und Konzepte von ausgehenden Schreiben des Schleswigschen Domänenkontors Januar-Mai 1858

320 Verzeichnisse und Konzepte von ausgehenden Schreiben des Schleswigschen Domänenkontors Juni-Dezember 1858

403 Verzeichnisse und Konzepte von ausgehenden Schreiben des Schleswigschen Domänenkontors 1859

321 Verzeichnisse und Konzepte von ausgehenden Schreiben des Schleswigschen Domänenkontors 1860

404 Verzeichnisse und Konzepte von ausgehenden Schreiben des Schleswigschen Domänenkontors 1861

405 Verzeichnisse und Konzepte von ausgehenden Schreiben des Schleswigschen Domänenkontors Januar-Juni 1862

406 Verzeichnisse und Konzepte von ausgehenden Schreiben des Schleswigschen Domänenkontors Juli-Dezember 1862

407 Verzeichnisse und Konzepte von ausgehenden Schreiben des Schleswigschen Domänenkontors 1863

Ämter und Landschaften

Amt Hadersleben

27 Domänen: Amt Hadersleben 1845-1853
Enthält u. a.: Pamhoel-See

28 Domänen: Amt Hadersleben (1728-) 1851-1855
Enthält u. a.: Aufhebungen von Festequalitäten

29 Domänen: Amt Hadersleben (1835) 1856
Enthält: Aufhebungen von Festequalitäten

30 Domänen: Amt Hadersleben 1855-1856
Enthält u. a.: Aufhebungen von Festequalitäten

31 Domänen: Amt Hadersleben 1853-1857
Enthält u. a.: Aufhebungen von Festequalitäten

32 Domänen: Amt Hadersleben (1794-) 1856-1858
Enthält u. a.: Aufhebungen von Festequalitäten; Übertragung des Weibüller Sees an den Müller Hans Peter Brodersen, Ostergaardmühle

33 Domänen: Amt Hadersleben 1856-1859
Enthält: Aufhebungen von Festequalitäten

34 Domänen: Amt Hadersleben (1745-) 1803-1861
Enthält u. a.: Aufhebungen von Festequalitäten; Erbpachtkontrakt über die Wassermühle in Tanskov; Fischerei im Wittstedter See, 1803-1860

35 Domänen: Amt Hadersleben (1810) 1851-1860
Enthält u. a.: Aufhebungen von Festequalitäten; Verpachtung der Fischerei in der Salzbeker Au

36 Domänen: Amt Hadersleben 1859-1862
Enthält vor allem: Aufhebungen von Festequalitäten

37 Domänen: Amt Hadersleben 1859-1862
Enthält u. a.: Aufhebungen von Festequalitäten

38 Domänen: Amt Hadersleben 1846-1864
Enthält u. a.: Aufhebungen von Festequalitäten; Verkauf des Bankelsees und Verpachtung anderer Seen, 1846-1863

39 Domänen: Amt Hadersleben 1857-1863
Enthält u. a.: Aufhebungen von Festequalitäten

269 Haderslebener Damm 1856-1858

Amt Apenrade

40 Domänen: Amt Apenrade 1826-1853
Enthält u. a.: Erbpachten

41 Domänen: Amt Apenrade (1789-) 1798-1855
Enthält u. a.: Erbpachten; Erbpachtstück „Große Moose“, 1798-1855

42 Domänen: Amt Apenrade 1811-1856
Enthält u. a.: Erbpachten; „Kleine runde Mühle“ bei Gjenner (mit Inventar von 1822), 1811-1856

43 Domänen: Amt Apenrade (1663-) 1851-1856
Enthält u. a.: Erbpachten; Aufhebungen von Festequalitäten

44 Domänen: Amt Apenrade 1853-1858
Enthält u. a.: Aufhebungen von Festequalitäten; Bauten in der Lundtoftharde, darunter Instandsetzung der Kirche in Atzbüll
Darin: Grund- und Aufriss der Kirche in Atzbüll

45 Domänen: Amt Apenrade (1817-) 1851-1857
Enthält u. a.: Erbpachten; Instandsetzungsarbeiten
Darin: Schulregulativ für den Flecken Gravenstein mit Instruktion für die Schulvorsteher, 1817

46 Domänen: Amt Apenrade 1853-1858
Enthält u. a.: Aufhebungen von Festequalitäten; Erbpachten

47 Domänen: Amt Apenrade (1808-) 1852-1860
Enthält u. a.: Aufhebungen von Festequalitäten; Erbpachten; Überlassung des Landstücks „Postlykken“ an Dr. Claussen, Gravenstein; Wege- und Brückenarbeiten

48 Domänen: Amt Apenrade (1788) 1856-1860
Enthält u. a.: Aufhebungen von Festequalitäten; Erbpachten

49 Domänen: Amt Apenrade 1841, 1854-1861
Enthält u. a.: Ablösungen von Festequalitäten; Erbpachten

50 Domänen: Amt Apenrade 1854-1862
Enthält u. a.: Ablösungen von Festequalitäten; Erbpachten; Restanten des Pächters Ontzen, Aarup

51 Domänen: Amt Apenrade 1854-1862
Enthält u. a.: Verpachtung der Fischerei und des Rohrschnitts in Warnitz; Land- und Wegearbeiten

52 Domänen: Amt Apenrade 1851-1863
Enthält u. a.: Ablösungen von Festequalitäten; Erbpachten; Verpachtung der Lachsfischerei bei Warnitz

53 Domänen: Amt Apenrade (1795-) 1808-1863
Enthält: Verkauf des Haupthofs Kjeding; Ablösungen von Festequalitäten; Erbpachten; Wegearbeiten in der Lundtoftharde; Erbpachtstück „Neue Kneck" bei Apenrade, 1808-1863

54 Domänen: Amt Apenrade (1785-) 1799-1863
Enthält: Erbpachtstück „Große Moose" und „Neue Kneck", 1799-1863; Steuernachlass des Rasmus Beyschau, Söes; Torfdeputat für den Amtsverwalter mit Torfregister für 1839 bis 1844

55 Domänen: Amt Apenrade (1807) 1821-1864
Enthält: Ablösungen von Festequalitäten; Erbpachten; Kosten der Versteigerung von Wegearbeiten zwischen Neumühle und Mölkjär; Nutzung des sogenannten Nis Eschelsens Bohls und des Wiesenlandes Nibbesgaard durch den Prediger in Hellewatt und Eckwatt, 1821-1864

56 Domänen: Amt Apenrade (1784-) 1853-1864
Enthält u. a.: Kosten für die Ausweitung des Kirchhofs in Atzbüll; Schulbeitrag des Hofs Quarsdamm im Schuldistrikt Laygaardholz

Amt Sonderburg

57 Domänen: Amt Sonderburg (1663-) 1853-1854
Enthält vor allem: Bestätigungen von Rechten und Privilegien; Erbpachten

58 Domänen: Amt Sonderburg (1792-) 1851-1854
Enthält u. a.: Festebriefe in der Augustenburgerharde; Kalmusmühle

59 Domänen: Amt Sonderburg 1853-1855
Enthält u. a.: Bauten; Erbpachten

60 Domänen: Amt Sonderburg 1850-1856
Enthält u. a.: Wegearbeiten; Erbpachten; Hospitalgebäude in Augustenburg

61 Domänen: Amt Sonderburg (1830-) 1855-1856
Enthält u. a.: Erbpachten

62 Domänen: Amt Sonderburg (1811-) 1853-1857
Enthält u. a.: Erbpachten

63 Domänen: Amt Sonderburg 1843-1857
Enthält u. a.: Erbpachten; Schuld- und Pflichtkorn im Lehnsdistrikt Sundewitt; Haupthof Werthemine auf Alsen

64 Domänen: Amt Sonderburg (1784-) 1853-1858
Enthält u. a.: Erbpachten

65 Domänen: Amt Sonderburg (1850-) 1853-1859
Enthält u. a.: Erbpachten; Einnahmen aus Verpachtungen in der Augustenburgerharde; Verkauf augustenburgischer Grundstücke

66 Domänen: Amt Sonderburg (1852) 1857-1859
Enthält u. a.: Erbpachten; Aufhebungen von Festequalitäten

67 Domänen: Amt Sonderburg 1854-1860
Enthält u. a.: Erbpachten; Aufhebungen von Festequalitäten

68 Domänen: Amt Sonderburg (1811-) 1855-1860
Enthält u. a.: Erbpachten; Aufhebungen von Festequalitäten; Haupthof Gammelgaard; Verkauf der Höfe Gundstrup, Werthemine und Kekenisgaard; Mühlenteich bei Sonderburg

69 Domänen: Amt Sonderburg 1856-1860
Enthält: Auenbüllgaard

70 Domänen: Amt Sonderburg 1854-1861
Enthält u. a.: Lillemühle im Kirchspiel Nottmark; Bauarbeiten in der Augustenburgerharde

71 Domänen: Amt Sonderburg 1853-1861
Enthält u. a.: Ablösung von Festequalitäten; Armenbeitrag des Landstücks Gehege Lambergintägt im Kirchspiel Hörup

72 Domänen: Amt Sonderburg (1754-) 1834-1861
Enthält u. a.: Ablösung von Festequalitäten; Bestätigung der Erbpachtskontrakte des Müllers Jacobsen, Weibek, 1834-1861

73 Domänen: Amt Sonderburg (1764-) 1856-1862
Enthält u. a.: Ablösung von Festequalitäten; Hegereiterwohnung in Dünth (mit Inventar 1825); Anteil der Staatskasse am Verkauf von Landstücken

74 Domänen: Amt Sonderburg 1856-1862
Enthält u. a.: Ablösung von Festequalitäten; Bau-, Wege- und Brückenarbeiten in der Augustenburgerharde; Langenvorwerk

75 Domänen: Amt Sonderburg (1817-) 1853-1863
Enthält u. a.: Mühle in Humbek; Rumohrgaard; Unterstützung für die Unterrichtung amer Kinder in der Augustenburgerharde

76 Domänen: Amt Sonderburg (1749-) 1851-1863
Enthält u. a.: Zahlungsaufschub für den Müller Kaufmann, Sonderburg

77 Domänen: Amt Sonderburg 1856-1863
Enthält u. a.: Ablösung von Diensten

78 Domänen: Amt Sonderburg (1843-) 1854-1863
Enthält: Oevelgönne und Fühnshaff

79 Domänen: Amt Sonderburg (1750-) 1786- 1864
Enthält u. a.: Schuldkorn im Kirchspiel Nübel; Bestätigung des Erbpachtsvertrages des Peter Matzen, Ekensund, 1786-1864

80 Domänen: Amt Sonderburg (1773-) 1804-1864
Enthält u. a.: Bestätigung des Erbpachtvertrages des Nicolai August Matzen, Iller, 1804-1863

239 Brauerei- und Brennereiprivilegien für Brunsnis (1759-) 1795-1846

309 Küsterfonds in Ulkebüll und Tandslet 1808-1860

Amt Norburg

81 Domänen: Amt Norburg (1783-) 1812-1855
Enthält vor allem: Bestätigung der Erbpachtrechte des Jörgen Jörgensen, Elsmark, 1812-1854

82 Domänen: Amt Norburg (1793-) 1851-1864

Augustenburg und Gravenstein

83 Domänen: Augustenburg 1852-1853

84 Domänen: Augustenburg 1852-1853

85 Domänen: Augustenburg (1794-) 1853-1854

86 Domänen: Augustenburg (1849-) 1852-1854

87 Domänen: Augustenburg 1853-1855

88 Domänen: Augustenburg (1764-) 185-1859
Enthält u. a.: Steuerverhältnisse der augustenburgischen und gravensteinischen Güter

89 Domänen: Augustenburg (1775-) 1854-1862
Enthält u. a.: Vergütung der Prediger; Armenbeitrag der Staatskasse; Gammelgaard

90 Domänen: Augustenburg 1852-1861
Enthält u. a.: Mühle in Tandsheede

91 Domänen: Augustenburg 1853-1863
Enthält u. a.: Verkauf des Mianger Sees sowie von Nydam und Lillehav
Darin: Entwurf einer Verordnung für die Geestdistrikte des Herzogtums Schleswig zur Wasserableitung, 1863; „Den danske Slesviger" vom 22. Februar 1862

92 Domänen: Augustenburg 1854-1863
Enthält u. a.: Übertragung des Schlosses Augustenburg an den Militäretat; Ablösung von Naturallieferungen in der Hardesvogtei Augustenburg

93 Domänen: Augustenburg 1860-1864

94 Domänen: Augustenburg 1852-1864
Enthält u. a.: Vergütung für den Uhrendienst und das Balgentreten in der Schlosskirche; Anweisung von Kosten für die Dienstpferde des Amtsboten

95 Domänen: Augustenburg (1834-) 1852-1864
Enthält u. a.: Verpachtung der Apotheke; Ausgaben der Hausvogtei

96 Domänen: Augustenburg (1839-) 1853-1864
Enthält u. a.: Entschädigung des Jacob Jörgensen Jacobsen, Maibüll, für Hofdienste; Umbauten im Schloss

97 Domänen: Gravenstein 1853-1854

98 Domänen: Gravenstein (1849) 1853-1854

99 Domänen: Gravenstein (1832-) 1853-1856
Enthält u. a.: Verpachtung des Haupthofs (mit Inventar und Beschreibung 1832)

100 Domänen: Gravenstein (1773-) 1854-1859
Enthält u. a.: Auenbüllgaard; Verpachtung des Schlossgartens in Gravenstein (mit Vertrag)

101 Domänen: Gravenstein 1855-1862
Enthält u. a.: Landstück „Herlufslykke Nr. 2"; Obligationen des Pächters des Hofs Ketting

102 Domänen: Gravenstein 1853-1862

103 Domänen: Gravenstein 1851-1864

104 Anmeldungen für die augustenburgischen und gravensteinischen Hausproklame 1854-1864

105 Anmeldungen für die augustenburgischen und gravensteinischen Hausproklame (1769-) 1854-1864
Enthält u. a.: Lysabbel-See

106 Kirchenmittel in Augustenburg (1810-) 1853-1860

107 Kirchenmittel in Augustenburg (1811-) 1854-1862

108 Kirchenmittel in Augustenburg (1836) 1853-1858

109 Schulden der augustenburgischen und gravensteinischen Güter 1853-1855

110 Auszahlung der Gehälter und Pensionen auf den augustenburgischen und gravensteinischen Gütern (1839-) 1853-1855

112 Pacht- und Erbpachtkontrakte zu Besitzungen im Distrikt Gravenstein 1854-1859

111 Kätner im Distrikt Augustenburg (1750-) 1854-1857

113 Haupthof Rönhof 1854-1864

Amt Tondern

114 Domänen: Amt Tondern 1851-1853

115 Domänen: Amt Tondern (1739-) 1851-1853
Enthält u. a.: Pachterlass für Lorenz Sievert Lorenzen, Tondern

116 Domänen: Amt Tondern (1844-) 1843-1854
Enthält u. a.: Berechnung des Kanons auf verkaufte Ländereien, 1843-1854; Erbpachten

117 Domänen: Amt Tondern 1834-1855
Enthält u. a.: Magazingelder sowie Hardes- und Kirchspielsgefälle von Ländereien in der Wiedingharde; Zeitpachten; Kooggelder

118 Domänen: Amt Tondern (1835-) 1851-1856
Enthält u. a.: Verkauf eines königlichen Hauses bei Wyk; Ablösungen von Festequalitäten

119 Domänen: Amt Tondern (1767-) 1804-1857
Enthält u. a.: Ablösungen von Festequalitäten; Erbpachtmühle in Alkersum, 1804-1855

120 Domänen: Amt Tondern (1787, 1841-) 1856-1858
Enthält u. a.: Erbpachtsstelle des Hans Redlef Volquardsen, Großhallig (mit Kaufbrief 1786); Ablösungen von Festequalitäten

121 Domänen: Amt Tondern 1857-1858
Enthält u. a.: Ablösungen von Festequalitäten

122 Domänen: Amt Tondern (1800-) 1851-1859
Enthält u. a.: Ablösungen von Festequalitäten; Bestätigungen von Erbpachtkontrakten

123 Domänen: Amt Tondern 1824-1860
Enthält u. a.: Anweisung der Hardes- und Kirchspielsgefälle für Kanonsländereien in der Bökingharde; Bottzowsche Ländereien im Gotteskoog, 1824-1854; Ablösungen von Festequalitäten; Bestätigungen von Erbpachtkontrakten

124 Domänen: Amt Tondern (1806-) 1851-1861
Enthält u. a.: Anweisung von Hardes- und Kirchspielsgefällen für Kanonsländereien im Kirchspiel Horsbüll; Ablösungen von Festequalitäten; Bestätigungen von Erbpachtkontrakten

125 Domänen: Amt Tondern 1856-1861
Enthält u. a.: Ablösungen von Festequalitäten; Bestätigungen von Erbpachtkontrakten

126 Domänen: Amt Tondern 1841-1862
Enthält u. a.: Wegekommune in der Bökingharde, 1841-1862; Wasserlösungsarbeiten; Ablösungen von Festequalitäten; Bestätigungen von Erbpachtkontrakten

127 Domänen: Amt Tondern (1755-) 1805-1864
Enthält: Pflichtgelder; Ablösung der Festequalität für ein Landstück des Nis Feddersen Petersen, Korntwedt; Verpachtungen; Benutzung eines zur Kirche in Bülderup gehörenden Landstücks zwischen Rapstedt und Heissel, 1805-1864

128 Domänen: Amt Tondern (1808-) 1851-1864
Enthält: Erbpachtmühle in Schafflund; Ablösung der Festequalität für Boh Brodersen, Uhlenberg; Nutzung von Brömsholmer Kirchenländereien durch die Ehefrau des Privatlehrers Jepsen, Hoyer

129 Domänen: Amt Tondern 1819-1864
Enthält u. a.: Deichbandbeiträge der Zeit- und Erbpachtstücke in Foggebüll und Maasbüll; Wasserlösungsarbeiten im Maasbüller Koog; Anwachs „Russekier“ im Haasberger See, 1819-1863
Darin: Zeichnung des Anwachses „Russekier“, 1819

130 Domänen: Amt Tondern 1817-1864
Enthält u. a.: Hallig Nordmark; Fenne im Schwienewatter Koog, 1817-1862

246 Hoffelder der ehemaligen adligen Güter Kuxbüll und Südergaard (1686-) 1762-1763, 1812-1858

248 Verpachtung der Elliamschen und Sollwigschen Wiesenparzellen
Enthält u. a.: Pachtverträge 1855-1864

249 Verpachtung der Elliamschen und Sollwigschen Wiesenparzellen
Enthält u. a.: Pachtverträge 1852-1861

251 Verpachtung der Foggebüller Ländereien 1817, 1850-1861
Enthält u. a.: Pachtverträge; Verzeichnis der Parzellen der Foggebüller Ländereien, 1817

252 Verpachtung der Foggebüller Ländereien 1844-1861
Enthält u. a.: Pachtverträge

Amt Lügumkloster

131 Domänen: Amt Lügumkloster (1843) 1855-1864
Enthält u. a.: Ablösungen von Festequalitäten

132 Domänen: Amt Lügumkloster 1851-1864
Enthält u. a.: Ablösungen von Festequalitäten

Amt Flensburg

133 Domänen: Amt Flensburg 1784-1853
Enthält u. a.: Rosgaard, 1784-1853

134 Domänen: Amt Flensburg (1703-) 1843-1855
Enthält u. a.: Bestätigung von Erbpachtkontrakten; Regulierung des Steruper Moors

135 Domänen: Amt Flensburg (1816-) 1851-1857
Enthält u. a.: Ablösungen von Festequalitäten; Verkauf eines Landstücks an den Besitzer von Ruhetal sowie Wegelasten des Fleckens Glücksburg

136 Domänen: Amt Flensburg (1784-) 1846-1858
Enthält u. a.: Ablösungen von Festequalitäten

137 Domänen: Amt Flensburg 1858-1860
Enthält u. a.: Ablösungen von Festequalitäten

138 Domänen: Amt Flensburg 1823-1861
Enthält u. a.: Ablösungen von Festequalitäten

139 Domänen: Amt Flensburg 1859-1862
Enthält u. a.: Hand- und Spanndienste der Eingesessenen in der Munkbrarupharde (mit Verzeichnissen); Bauten

140 Domänen: Amt Flensburg 1856-1862
Enthält u. a.: Ablösung der Handdienste von Eingesessenen in der Munkbrarupharde für den Schlossgarten in Glücksburg

141 Domänen: Amt Flensburg 1790-1863
Enthält u. a.: Unterhaltung einer Wegstrecke durch den Hof Lindewitt; Fuhren der Eingesessenen in der Munkbrarupharde, 1790-1863

142 Domänen: Amt Flensburg 1839-1863
Enthält u. a.: Wege- und Brückenreparaturen; Verpachtung der Fischerei in den Fischteichen in Glücksburg, 1850-1863

143 Domänen: Amt Flensburg 1847-1864
Enthält u. a.: Bauten und Instandsetzungarbeiten

294 Ländereien in Maasbüll 1842-1864

295 Ländereien in Maasbüll (1851) 1853-1863
Enthält u. a.: Pachtverträge, 1859-1863

296 Ländereien in Maasbüll 1851-1855
Enthält: Pachtverträge

Schloss und Distrikt Glücksburg

144 Domänen: Schloss Glücksburg 1824-1855

145 Domänen: Schloss Glücksburg 1850-1855

146 Domänen: Schloss Glücksburg 1855-1857
Enthält: Budget des Schlossgartens

147 Domänen: Schloss Glücksburg 1836-1857
Enthält: Budgetangelegenheiten; Bauten; Fischereipacht, 1836-1857

148 Domänen: Schloss Glücksburg 1856-1858
Enthält: Rechnungsangelegenheiten

149 Domänen: Schloss Glücksburg 1858-1860
Enthält: Rechnungsangelegenheiten

150 Domänen: Schloss Glücksburg 1858-1860
Enthält: Reparaturarbeiten

151 Domänen: Schloss Glücksburg 1860-1862
Enthält: Bau- und Reparaturarbeiten; Ausgaben für den Schlossgarten

152 Domänen: Schloss Glücksburg 1854-1862
Enthält u. a.: Bau- und Reparaturarbeiten

153 Domänen: Schloss Glücksburg 1855-1864
Enthält u. a.: Bau- und Reparaturarbeiten; Ausgaben für den Schlossgarten

154 Domänen: Schloss Glücksburg 1837-1863
Enthält u. a.: Gefangenenhaus, 1837-1855; Bau- und Reparaturarbeiten

155 Glücksburger Allodialgüter 1762-1766, 1800-1864

156 Glücksburger Allodialgüter (1767-) 1853-1863

306 Schuld- und Pflichthafer auf den glücksburgischen Gütern und in der Munkbrarupharde 1833-1863

Amt Gottorf und Landschaft Stapelholm

157 Domänen: Amt Gottorf (1664-) 1851-1853
Enthält u. a.: Bestätigungen von Freiheiten
Darin: „Schleswiger Intelligenzblatt“ vom 9. und 16. Juni 1852 sowie vom 5. und 12. Januar 1853

158 Domänen: Amt Gottorf (1767-) 1851-1854
Enthält u. a.: Bestätigungen von Freiheiten

159 Domänen: Amt Gottorf (1707) 1727-185
Enthält u. a.: Mühle in Rurup, 1727-1841; herrschaftliche Grundstücke bei Schleswig, 1803-1855

160 Domänen: Amt Gottorf 1793-1855
Enthält u. a.: Zeitpachtstücke, 1793-1846; Landüberlassung an die Armenkommune im Friedrichsberg

161 Domänen: Amt Gottorf 1855-1856

162 Domänen: Amt Gottorf (1752-) 1830-1857
Enthält u. a.: Ablösungen von Festequalitäten

163 Domänen: Amt Gottorf 1843-1858
Enthält u. a.: Ablösungen von Festequalitäten

164 Domänen: Amt Gottorf 1789-1859
Enthält u. a.: Ablösungen von Festequalitäten; Pulvermühle und Pulverteich bei Schleswig, 1789-1859

165 Domänen: Amt Gottorf 1828-1859
Enthält u. a.: Ablösungen von Festequalitäten; Kosten für Hegung und Preisgebung der Möwen auf der Schlei bei Schleswig, 1828-1859

166 Domänen: Amt Gottorf 1823-1860
Enthält u. a.: Ablösungen von Festequalitäten; herrschaftliche Grundstücke bei Schleswig, 1823-1860

167 Domänen: Amt Gottorf (1783) 1802-1860
Enthält u. a.: Ablösungen von Festequalitäten; Möweninsel in der Schlei bei Schleswig; Kälberteich/Polierteich in Schleswig (mit Vermessungsregister), 1802-1860
Darin: Kartenskizze zum Polierteich, 1827

168 Domänen: Amt Gottorf (1803-) 1849-1860
Enthält u. a.: Ablösungen von Festequalitäten; Erwerb des Danewerks; Instandsetzung der Wege über die Wührde
Darin: Druckschrift „Motive zum Entwurf eines Gesetzes, betreffend die Befestigungen von Kopenhagen an der Seeseite und die Projectirung von Befestigungsanlagen an verschiedenen Punkten der Monarchie". 1858

169 Domänen: Amt Gottorf 1795-1861
Enthält: Ablösungen von Festequalitäten; Bau einer Brücke bei Treia; Sankt-Michaelis-Kirchenkoppel bei Schleswig; Vererbpachtung der Krugstelle in Klein Dannewerk, 1795-1861

170 Domänen: Amt Gottorf 1858-1861
Enthält u. a.: Ablösungen von Festequalitäten; Hegereiterstelle Christiansgabe

171 Domänen: Amt Gottorf (1782) 1851-1862
Enthält u. a.: Ablösungen von Festequalitäten; Wegearbeiten

172 Domänen: Amt Gottorf 1851-1862
Enthält: Ablösungen der Festequalität für Friedrich Sierk, Kropp, vom Kolonistenland in Friedrichsneuland; Bestätigung von Kaufkontrakten über die beiden Fischteiche „Lange" und „Runde Teich"; Wegearbeiten; Ablösung der Erbpachtsverhältnisse des Lürschauer Sees; Ablösung der Erbpachtsverhältnisse des Lütjendieks oder Klein Hagenteichs

173 Domänen: Amt Gottorf (1787-) 1851-1863
Enthält u. a.: Ablösungen von Festequalitäten

174 Domänen: Amt Gottorf 1835-1864
Enthält u. a.: Erbpachtswassermühle in Havetoft (mit Kaufvertrag 1856); Ablösungen von Festequalitäten; Fischerei im Havetofter See, im Busdorfer Teich und in der Tetenhusener Au, 1835-1864

240 Utwiesen in Börm und Fenne in Bünge 1797-1864

241 Utwiesen in Börm und Fenne in Bünge 1830-1857

242 Schäferei Heidbunge und Ahlbecker Wiese (1764) 1807-1862

267 Domäne: Schloss Gottorf 1850-1863
Enthält u. a.: Wasch- und Bleicherhaus; Rechnungen und Verzeichnisse über aus dem Schloss abgeliefertes königliches Inventar

268 Unterhaltung des Gottorfer Damms 1839-1859
Darin: Profil- und Ansichtsskizze der Vorsetze

275 Brücke bei Hollingstedt 1812-1835

278 Idstedter See, Groß Rheider Au und Burgwiese bei Gottorf 1827-1863

298 Deiche in Pahlhorn und Haverkamp 1812-1863

Amt Hütten

175 Domänen: Amt Hütten (1748-) 1843-1855

176 Domänen: Amt Hütten 1792-1857
Enthält u. a.: Abhandlung der Hand- und Spanndienste der Mühlen in Schnaap und Borby, 1792-1857
Darin: „Eckernförder Zeitung“ vom 17. Juni 1857

177 Domänen: Amt Hütten (1785) 1852-1858
Enthält u. a.: Ablösungen von Festequalitäten; Übertragung des Windebyer Noors an die Stadt Eckernförde

178 Domänen: Amt Hütten 1851-1861
Enthält u. a.: Ablösungen von Festequalitäten; Holzvogtstelle in Wolfskrug; Verpachtung des Vorlandes am Bistensee

179 Domänen: Amt Hütten 1814-1860
Enthält u. a.: Ablösungen von Festequalitäten; Wassermühle in Stenten; Reparatur der hohen Brücke auf dem Erfder Damm, 1814-1860

180 Domänen: Amt Hütten 1851-1859
Enthält: Krügerei- und Hökereigerechtigkeit des Kolonisten Claus Engelland, Oha; Reparatur der Brücke über den Garlbek auf dem Weg zwischen Föhrden und Königshügel; Festebrief für den Kolonisten Hans Eggers, Friedrichsholm; Befreiung der Verfestung eines Landstücks durch den Insten und Schmied Hinrich Rosenkranz Kolb, Hamdorf, 1819-1859; Ablösungen der Festequalität für den Kolonisten Peter Friedrich Struck, Prinzenmoor

181 Domänen: Amt Hütten (1759-) 1847-1864
Enthält: Erbpachtsqualität der Wassermühle des Hinrich Christian Siek, Owschlag; Verpachtung der Fischerei im Owschlager See; Wege- und Brückenarbeiten, 1847-1863; Erbpachtsqualität der Wassermühle in Westermühlen
Darin: „Rendsburger Wochen-Blatt" vom 9. Juli 1853 sowie vom 1. und 4. Oktober 1862; „Eckernförder Zeitung" vom 6. Juli 1853

182 Domänen: Amt Hütten (1661-) 1842-1863
Enthält u. a.: Moorkrüge bei der Hohner Fähre; Kornwindmühle in Wohlde, 1843-1863

183 Domänen: Amt Hütten 1850-1863
Enthält u. a.: Landstück „Kleinekel" bei Erfde

Ämter Husum und Bredstedt mit Landschaften Eiderstedt, Pellworm und Sylt

184 Domänen: Amt Husum 1846-1852
Enthält: Ausgaben der Landrechnung Pellworm; Wegekosten des Fischteichs in Krummbek; Wohnung des Amtsdieners Adolph Gottlieb Lepper im Schloss in Husum

185 Domänen: Amt Husum (1756-) 1817-1853
Enthält u. a.: Bestätigungen von Pachtkontrakten in der Landschaft Pellworm

186 Domänen: Amt Husum (1754-) 1851-1854
Enthält u. a.: Verpachtung herrschaftlicher Ländereien in der Landschaft Pellworm (mit Protokoll 1850/51)

187 Domänen: Amt Husum 1811-1855
Enthält u. a.: Regulativ für das Torfgraben im Schwabstedter Westerkoog

188 Domänen: Amt Husum (1744-) 1851-1858

189 Domänen: Amt Husum (1680-) 1809-1860
Enthält u. a.: Erbpachtgelder der Herrenschmiede in Schwabstedt; Erbpachtlandstück im Schwabstedter Osterkoog

190 Domänen: Amt Husum 1852-1864
Enthält u. a.: Wegelasten der Vorwerksparzellen des ehemaligen Gutes Arlewatt

191 Domänen: Amt Husum (1754-) 1832-1862
Enthält u. a.: Verpachtungen im Schwabstedter Osterkoog; Untersuchung der Hüppbrücke
Darin: Ansichtszeichnung der Hüppbrücke

192 Domänen: Amt Bredstedt 1853-1855
Enthält: Pacht des Vorufers des Desmerciereskoogs und Sophie-Magdalenen-Koogs
Darin: „Altonaer Zeitung" vom 2., 4. und 8. Juli 1854

193 Domänen: Amt Bredstedt (1812-) 1849-1863
Enthält u. a.: Pacht des Vorufers des Louisen-Reußenkoogs; Reußenkoog; Ablösungen von Festequalitäten

194 Domänen: Amt Bredstedt (1825-) 1829-1860
Enthält u. a.: Ablösungen von Festequalitäten; Pacht des Vorlandes „Pick"
Darin: „Altonaer Zeitung" vom 4., 11. und 16. November 1855; „Flensburger Zeitung" vom 3. November sowie Beilagen zur „Flensburger Zeitung" vom 5. und 10. November 1855

195 Domänen: Landschaft Eiderstedt (1786-) 1808-1855
Enthält u. a.: Bestätigungen von Besitzungen im Augustenkoog, 1808-1853; Bestätigungen von Besitzungen im Süderfriedrichskoog, 1812-1853

196 Domänen: Landschaft Eiderstedt (1836) 1853-1859

197 Domänen: Landschaft Eiderstedt (1853) 1856-1863
Enthält u. a.: Verpachtung von Vorlandländereien

198 Domänen: Landschaft Eiderstedt (1709-) 1822-1861
Enthält u. a.: Verpachtung von Vorufern; Anspruch auf die zwischen den Kirchspielen Sankt Peter und Ording gelegenen Landstücke „Kirchenlei" und „Sankt Peter Heide"

217 Festeländereien und Mühlen auf Sylt (1572-) 1750-1854

247 Desmercieressches Fideikommiss (1708-1733) 1806-1859
Enthält u. a.: Oktroi und Konzessionen zum Vorland zwischen Hattstedt und Ockholm, 1708-1733

270 Bauten auf der Hamburger Hallig und deren Freiheiten 1782-1862

271 Ländereien der Hattstedtermarsch 1841-1852
Enthält u. a.: Verzeichnis und Beschreibung der Ländereien; Lizitationsprotokolle über den Verkauf von Ländereien

272 Ländereien der Hattstedtermarsch 1830-1841

273 Ländereien der Hattstedtermarsch (1842) 1853-1864

274 Ländereien der Hattstedtermarsch 1852-1857

277 Herrschaftliche Fischteiche im Amt Husum 1851-1863

308 Erbpachthof Süderholz (1732) 1856-1857

322 Deichwesen in der Landschaft Pellworm 1857-1863

323 Deichwesen in der Landschaft Pellworm 1830-1859

Landschaft Fehmarn

199 Domänen: Landschaft Fehmarn 1827-1854
Enthält: Mühle in Sahrensdorf

200 Domänen: Landschaft Fehmarn (1793-) 1856-1864
Enthält u. a.: Trockenlegung des Bojendorf-Flügger Binnensees; Freiheit des mittleren Kirchspiels vom Mühlenzwang; Verkauf des Fastensees bei Westermarkelsdorf
Darin: Karte über den Fastensee; „Bilag til den Berlingske politiske og Avertissements-Tidende“ vom 22. und 23. Juli 1861; „Flensburger Zeitung“ vom 19. Juli 1861; „Nordischer Courier Altonaer Nachrichten“ vom 21. und 22. Juli 1861; „Fehmarnsches Wochenblatt“ 17. und 20. Juli 1861

Städte und Flecken

259 Festungsländereien in Friedrichsort 1839-1861

253 Domänenangelegenheiten in Friedrichstadt 1854-1863
Enthält u. a.: Brückenreparaturen; Verpachtung der gemeinschaftlichen Ländereien

254 Domänenangelegenheiten in Friedrichstadt 1822-1863
Enthält u. a.: Verpachtung der Stadtwaage; Mühlen; Fischerei auf der Treene; Instandsetzung der Holmertorbrücke
Darin: Karte zur Erweiterung des Kornwindmühlengeweses; Karte von Friedrichstadt mit farbigen Einzeichnungen zur Erweiterung des Mühlengeweses, 1851

255 Bau eines Rathauses in Friedrichstadt 1811-1857
Darin: Grund-, Auf- und Profilriss, 1829-1830

256 Schleusen und Deiche in Friedrichstadt 1856-1864

257 Schleusen und Deiche in Friedrichstadt 1854-1857
Darin: Skizze über das Pachtstück des Müllers O. Jessen bei Friedrichstadt

258 Pachtstücke in Friedrichstadt 1829-1854

314 Herrschaftlicher Garten, Wiese „Wikumsdamm" und Mühlenstrom in Hadersleben (1751) 1752, 1788-1852
Darin: Karte des „Wikumsdamms", 1752

243 Domänenangelegenheiten in Kappeln (1816) 1840-1863
Enthält u. a.: Mühle; Verpachtung von Gartenparzellen

244 Domänenangelegenheiten in Kappeln (1170-) 1807-1862
Enthält u. a.: Häuserpflicht; Mühle; Gartenparzellen; Schießplatz der Schützengilde, 1807-1817; Landstück „Bendixenfeld"

292 Schlosskirche in Lügumkloster 1846-1864
Enthält u. a.: Baukosten

293 Schlosskirche in Lügumkloster 1731-1732, 1779, 1842-1847
Enthält: Unterhaltung; Beschreibung der Schlossgebäude, 1779; Beschreibung herrschaftlicher Liegenschaften im Amt Lügumkloster, 1731-1732

299 Kronwerk in Rendsburg 1857-1864

300 Kronwerk in Rendsburg 1853-1859

250 Baumschule auf dem Erdbeerenberg bei Schleswig 1821-1853

276 Großhesterberger Koppel bei Schleswig 1811-1844

301 Domkirche in der Stadt Schleswig: Unterhaltung 1852-1855

302 Domkirche in der Stadt Schleswig: Unterhaltung (1795-) 1838-1852

303 Domkirche in der Stadt Schleswig: Unterhaltung (1769) 1841-1864

304 Domkirche in der Stadt Schleswig (1667-) 1728-1864
Enthält u. a.: Gebühr für die General- und Spezialkirchenvisitationsmahlzeit; Kapitalien, 1741-1833; Notaten über die Domkircheneinnahmen von 1713 bis 1720 und 1728; Unterhaltung

305 Domkirche in der Stadt Schleswig: Unterhaltung und Bauten 1856-1859

245 Kanonsparzellen auf der Stadtmark in Tondern 1847-1863

Köge

279 Adolfskoog 1800-1802, 1836-1863
Darin: Grundriss des sogenannten Schlicklandes im Adolfskoog, 1838

280 Gotteskoog: Pachtverträge 1861

281 Gotteskoog: Pachtverträge 1855-1858

282 Gotteskoog: Pachtverträge 1855

283 Gotteskoog 1852-1854
Enthält u. a.: Pachtverträge; Landüberlassungen

284 Gotteskoog 1851-1852
Enthält vor allem: Pachtverträge

285 Gotteskoog (1767-) 1818-1856
Enthält u. a.: Bestätigung von Pachtverträgen; Kosten für Auskleiungen

286 Gotteskoog 1857-1864

287 Porrenkoog: Ländereien (1769-) 1799-1863
Enthält u. a.: Enteignungen anlässlich des Hafenbaus in Husum

288 Porrenkoog: Ländereien (1768-) 1835-1863
Enthält u. a.: Verzeichnis der zum Staat gehörigen Porrenkoogsfennen, 1856

289 Süderheverkoog 1861-1864
Enthält u. a.: Kosten der Eindeichung der Tümlauer Hallig und des Tatinger Vorlandes (mit Rechnungen); Pachtverträge

290 Süderheverkoog 1860-1864
Enthält u. a.: Bedeichung des Tümlauer Koogs

324 Sorgkoog (1693) 1819-1863

325 Sorgkoog: Schleusen 1829-1859

Mühlen

233 Ablösung des Mühlenzwangs im Herzogtum Schleswig 1854-1859
Darin: Entwurf eines Gesetzes zur Entschädigung für die Aufhebung des Mühlenzwangs in den Herzogtümern Schleswig und Holstein, 1854

234 Ablösung des Mühlenzwangs im Herzogtum Schleswig 1856-1859

201 Schlosswassermühle in Hadersleben 1802-1857

202 Schlosswassermühle in Hadersleben 1825-1854

203 Mühle in Beftoft (1792, 1800) 1836-1854
Enthält u. a.: Verteilungsregister zu den angekauften Hufen, 1800; Erdbuch des Dorfes Hjartbro, 1792

204 Mühle in Taarning (1751-) 1804-1861

205 Munkmühle (Gut Gravenstein) 1722-1862
Enthält u. a.: Beschreibung der Gebäude und des Mahlwerks, 1836
Darin: Karte zur Munkmühle samt Ländereien; Karte der Katzenländereien in Beken

206	Munkmühle (Gut Gravenstein)	1734-1822
207	Mühle in Broballig	1828-1850
208	Mühlen in Tondern	(1822-) 1825-1862
209	Mühlen in Tondern	(1824) 1825-1857
210	Mühle bei Leck	(1820) 1833-1859
211	Mühlen in Braderup Enthält u. a.: Inventare der Windmühle, 1818, 1851	1818-1856
212	Mühle in Uhlebüll Enthält u. a.: Inventar, 1818	(1818) 1823-1859
213	Mühle in Rodenäs Enthält u. a.: Inventar, 1843	(1833) 1836-1861
214	Mühle in Fahretoft (Amt Tondern) Enthält u. a.: Inventar, 1849	1842-1854
215	Mühle in Süd-Niebüll	(1712-) 1837-1859
216	Wassermühle in Sollwig Enthält u. a.: Inventar, 1820 Darin: Quittungsbuch des „Broder Nahnsen Erbe“ (u. a. Mühlenpacht, Mahlsteuer), 1814-1846	(1773-) 1825-1863
218	Mühlen in Flensburg	1858-1863
219	Kupfermühle und Messingfabrik in Krusau	(1682-) 1802-1859
220	Mühlen in Glücksburg	1809-1860
221	Mühle in Friedrichstal (Gut Nübel)	1803-1854
222	Mühle in Husby	(1821-) 1853-1867
223	Wassermühle vor Gottorf	1855-1856
224	Wassermühle vor Gottorf	1791-1855
225	Mühle in Mohrkirchen	1784-1864

226 Mühle in Heselgaard 1854-1863

227 Mühle in Heselgaard (1741) 1809-1856

228 Mühle in Friedrichstadt 1850-1858

229 Mühle in Osterhusum 1846-1864

230 Mühle in Borsbüll 1826-1854
Enthält u. a.: Inventar, 1830

231 Mühlen in Tönning (1801-) 1838-1854
Enthält u. a.: Inventar des Mühlenhauses, 1834; Inventare über Kornwindmühlen, 1801, 1804

232 Wassermühle bei Burg auf Fehmarn 1828-1864

Journale und Kopiebücher des Schleswigschen Domänenexpeditionskontors

326 Journal des Schleswigschen Domänenexpeditionskontors 1856

335 Kopiebuch des Schleswigschen Domänenexpeditionskontors 1856

327 Journal des Schleswigschen Domänenexpeditionskontors 1857

336 Kopiebuch des Schleswigschen Domänenexpeditionskontors 1857

328 Journal des Schleswigschen Domänenexpeditionskontors 1858

337 Kopiebuch des Schleswigschen Domänenexpeditionskontors 1858

329 Journal des Schleswigschen Domänenexpeditionskontors 1859

338 Kopiebuch des Schleswigschen Domänenexpeditionskontors 1859

330 Journal des Schleswigschen Domänenexpeditionskontors 1860

339 Kopiebuch des Schleswigschen Domänenexpeditionskontors 1860

331 Journal des Schleswigschen Domänenexpeditionskontors 1861

340 Kopiebuch des Schleswigschen Domänenexpeditionskontors 1861

332 Journal des Schleswigschen Domänenexpeditionskontors 1862

341 Kopiebuch des Schleswigschen Domänenexpeditionskontors 1862

333 Journal des Schleswigschen Domänenexpeditionskontors 1863

342 Kopiebuch des Schleswigschen Domänenexpeditionskontors 1863

334 Journal des Schleswigschen Domänenexpeditionskontors 1864

343 Kopiebuch des Schleswigschen Domänenexpeditionskontors 1864

Jagd- und Forstwesen im Herzogtum Schleswig

Allgemeines

415 Holzverkauf im Herzogtum Schleswig (1842-) 1856-1862
Enthält u. a.: Verzeichnisse über die Einnahmen aus den königlichen Hölzungen in den Herzogtümern Schleswig und Holstein, 1842-1847
Darin: „Dagbladet“ vom 26. Mai 1862

424 Stempelpapier in Forst- und Jagdangelegenheiten 1856-1863

425 Eingereichte Rechnungen und Anträge auf Überweisung von Geldern für die Forstverwaltung 1853-1864

426 Eingereichte Rechnungen und Anträge auf Überweisung von Geldern für die Forstverwaltung 1853-1864

428 Forstkulturen und Forstbeamte 1831-1859

Beamte

427 Inventare von Dienstwohnungen der Forstbeamten und Forstbediensteten (1830-1833) 1855-1864

429 Diäten und Gagen von Forstbeamten 1848-1863

430	Diäten und Gagen von Forstbeamten	1848-1860
431	Diäten und Gagen von Forstbeamten in den Herzogtümern Schleswig und Holstein	1842-1850

Forst- und Holzrechnungen

376	Forst- und Holzrechnungen	1854-1855
377	Forst- und Holzrechnungen	1854-1855
378	Forst- und Holzrechnungen	1853-1855
379	Forst- und Holzrechnungen	1855-1856
380	Forst- und Holzrechnungen	1855-1856
381	Forst- und Holzrechnungen	1856-1857
382	Forst- und Holzrechnungen	1856-1857
383	Forst- und Holzrechnungen	1857-1858
384	Forst- und Holzrechnungen	April-September 1858
385	Forst- und Holzrechnungen	Oktober 1858-März 1859
386	Forst- und Holzrechnungen	Oktober 1858-März 1859
387	Forst- und Holzrechnungen	April-September 1859
388	Forst- und Holzrechnungen	April-September 1859
389	Forst- und Holzrechnungen	1860-1861
390	Forst- und Holzrechnungen	1861-1862
391	Forst- und Holzrechnungen	1862-1863

Forstbauten

408 Forstbauten 1854-1855
Darin: Grund- und Aufriss des Holzvogthauses in Handewittholz

409 Forstbauten 1855-1856

410 Forstbauten 1855-1857

411 Forstbauten 1857-1860

412 Forstbauten 1857-1859
Darin: Grundriss der Hegereiterwohnung bei Apenrade; Grundriss und Ansicht eines Stallgebäudes beim Holzvogthaus in Jörgensgaard

413 Forstbauten 1859-1864
Darin: Grundriss der Forstaufseherwohnungen bei Großgehege und Skrumland; Grundriss der Forstaufseherwohnung in Felsenrade; Grundriss und Aufriss des Hegereiterhauses in Apenrade-Westerlund; Lageplan der Hegereiterstelle Ulfshuus

414 Forstbauten 1855-1862

Forstauktionen

417 Forstauktionen 1859-1861

418 Forstauktionen 1855-1859

419 Forstauktionen 1861-1864

Jagd in den Ämtern und Landschaften

392 Jagd: Amt Hütten (1777-) 1829-1855
Enthält u. a.: Ablösung der Jagdrechte in der Hüttenerharde und Hohnerharde; Jagdgrenze zum Gut Louisenlund

393 Jagd: Amt Gottorf, Amt Hütten und Landschaft Fehmarn (1782-) 1854-1864
Enthält u. a.: Jagd im Kirchspiel Kropp

394 Jagd: Ämter Gottorf, Hütten und Flensburg (1795-) 1854-1863
Enthält u. a.: Jagdrecht in Brodersby

395 Jagd: Ämter Gottorf, Hütten und Flensburg (1840-) 1854-1859
Enthält u. a.: Verpachtung der Jagd in Haby; Mankjagdrecht des Gutes Flarupgaard im Kirchspiel Böel

396 Jagd: Amt Hadersleben 1853-1855
Enthält u. a.: Jagdablösung in den Kirchspielen Bjerning, Skrydstrup, Jägerup, Oxenwatt, Jels und Hammeleff;
Darin: „Fædrelandet" vom 14. Juli 1857

397 Jagd: Ämter Apenrade, Sonderburg und Hadersleben 1853-1864

398 Jagd: Ämter Apenrade, Sonderburg und Hadersleben 1854-1862

399 Jagd: Amt Tondern 1854-1863
Enthält u. a.: Ablösung des Jagdrechts in den gemischten jütisch-schleswigschen Distrikten

400 Jagd: Ämter Tondern und Lügumkloster 1853-1861

401 Jagd: Ämter Husum und Bredstedt, Landschaften Eiderstedt und Pellworm sowie Landschaft Stapelholm 1843-1861

402 Jagd: Ämter Husum und Bredstedt, Landschaften Eiderstedt und Pellworm sowie Landschaft Stapelholm 1854-1863

Spezielle Forst- und Jagdangelegenheiten

344 Jagd- und Forstwesen: spezielle Angelegenheiten (1798-) 1855-1856

345 Jagd- und Forstwesen: spezielle Angelegenheiten (1809-) 1843-1856
Enthält u. a.: Ankauf eines Wegs für den Torftransport vom Moor in Linnet; Regulierung des Iplander Moors; Anweisung von Diäten für Forstbeamte
Darin: Karte des Iplander Moors, 1809

346 Jagd- und Forstwesen: spezielle Angelegenheiten 1853-1856
Enthält u. a.: Besetzung der Hegereiterstellung im Distrikt Apenrade

347 Jagd- und Forstwesen: spezielle Angelegenheiten 1854-1857
Enthält u. a.: Besetzung der Holzvogtstelle in Uelsby

348 Jagd- und Forstwesen: spezielle Angelegenheiten (1814-) 1851-1857
Enthält u. a.: Moore bei Idstedt (mit Register 1814); Wildertrag, Wildverkauf und Vergrößerung des Wildbestandes; Jagdrecht des Besitzers des adligen Stammhofs Lundsgaard; Rechnungsablage über kleinere Nebeneinnahmen in den Forstdistrikten

349 Jagd- und Forstwesen: spezielle Angelegenheiten 1856-1857

350 Jagd- und Forstwesen: spezielle Angelegenheiten 1851-1858
Enthält u. a.: Kosten durch die Bekanntmachung von Auktionen

351 Jagd- und Forstwesen: spezielle Angelegenheiten 1832-1857
Enthält u. a.: Vorschüsse für den Forstrat Hennings, 1832-1857

352 Jagd- und Forstwesen: spezielle Angelegenheiten 1858

353 Jagd- und Forstwesen: spezielle Angelegenheiten 1857-1858

354 Jagd- und Forstwesen: spezielle Angelegenheiten 1856-1858
Enthält u. a.: Brandversicherung für Hegereiterwohnungen und Rechnungen für die Anschaffung von Brandregistern; Enteignungen im Holzvogteidistrikt Westertreia zum Bau der südschleswigschen Eisenbahn; Wiesen im Gehege Kius

355 Jagd- und Forstwesen: spezielle Angelegenheiten (1809) 1854-1859

356 Jagd- und Forstwesen: spezielle Angelegenheiten 1832-1859
Enthält u. a.: Wert des vom Pächter Möller, Gammelgaard, geschlagenen und abgefahrenen Holzes; Holzabfuhrweg im Gehege Rehberg, 1832-1859
Darin: Karte vom Gehege Kleinholzkoppel

357 Jagd- und Forstwesen: spezielle Angelegenheiten 1838-1859
Enthält u. a.: Regulierung der Norderhölzung und Süderhölzung im Amt Apenrade, 1838-1859; Rechnungsablage für Vermessungs- und Revisionsarbeiten, 1853-1859
Darin: Karte des Süderholzes im Hegereiterberitt Apenrade, 1838

358 Jagd- und Forstwesen: spezielle Angelegenheiten 1839-1859
Enthält u. a.: Einschränkung der Oberförsterfuhren im Amt Sonderburg

359 Jagd- und Forstwesen: spezielle Angelegenheiten 1829-1859
Enthält u. a.: Allee in Glücksburg; Holzaufseher im Distrikt Augustenburg; Bauten an der Holzvogtei in Christiansgabe; Verpachtung der Jagd in den Kirchspielen Koldenbüttel, Kotzenbüttel und Tating

360 Jagd- und Forstwesen: spezielle Angelegenheiten 1845-1860
Enthält u. a.: Regulierung und Verteilung von Mooren

361 Jagd- und Forstwesen: spezielle Angelegenheiten 1853-1861

362 Jagd- und Forstwesen: spezielle Angelegenheiten (1839-) 1855-1861
Enthält u. a.: Witwenversorgung der Lokalbeamten; Kosten für die Anfertigung von Karten; Landankauf für den Aufseherdienst im Gehege Bostedt (Amt Norburg)
Darin: Karte des Geheges Niedamm und Umgebung

363 Jagd- und Forstwesen: spezielle Angelegenheiten 1856-1861

364 Jagd- und Forstwesen: spezielle Angelegenheiten (1785) 1856-1862
Enthält u. a.: Verkauf von Stücken des Sophienhammer Moors und des Nordmoors bei Hohn; Owschlager Moor

365 Jagd- und Forstwesen: spezielle Angelegenheiten 1860-1862

366 Jagd- und Forstwesen: spezielle Angelegenheiten 1854-1864
Enthält u. a.: Ausweisung von Föhrenholz an Besitzer von Festestellen ohne Holzbestand; Holzdeputat der Hausvogtei in Husum; Erlass von Jagdbrüchen; Unterjagd im Kirchspiel Ostenfeld

367 Jagd- und Forstwesen: spezielle Angelegenheiten 1855-1863
Enthält u. a.: Verkauf des Geheges Stellingrott; Verkauf des Geheges Thorstedt; Wegebeiträge der Holzvogtstelle Ascherballigholz; Verkauf des Hofes Aarup (Amt Apenrade)

368 Jagd- und Forstwesen: spezielle Angelegenheiten (1845) 1856-1863
Enthält u. a.: freie Beförderung der Hegereiter; Torfdeputat für die Amtsbediensteten in Tondern
Darin: Verordnung zur Regulierung der Freifuhren, 1845

369 Jagd- und Forstwesen: spezielle Angelegenheiten 1854-1863
Enthält u. a.: Deputate der Schullehrer in den Distrikten Augustenburg und Gravenstein; Diäten der Forstbeamten für ihr Erscheinen bei Gericht in Fällen von Holzvergehen; Verpachtung von Teilen des Silleruper Moors und des Oxlunder Moors

370 Jagd- und Forstwesen: spezielle Angelegenheiten (1842) 1843-1863
Enthält u. a.: Steueranteil der Dorfschaft Mjöls am Leerskover Moor; Sperrung eines Wegs über das Hohner Moor durch den Glasfabrikanten Petow, Friedrichsholm, 1843-1863; Kosten anlässlich von Forst- und Jagdvergehen
Darin: Karte über das dem Kolonisten Simon Siewers überlassene Moor in Friedrichsholm, 1842

371 Jagd- und Forstwesen: spezielle Angelegenheiten 1854-1863
Enthält u. a.: Regulierung des Bodumer Moors

372 Jagd- und Forstwesen: spezielle Angelegenheiten 1858-1864
Enthält u. a.: Abfallholz für die Armen in Glücksburg; Feuerversicherungsbeiträge für Forstliegenschaften; Vermessung und Verkauf des Hohner Torfmoors

373 Jagd- und Forstwesen: spezielle Angelegenheiten 1812-1863
Enthält u. a.: Deputatholz für Forstbeamte; Gehege Rehbergholz, 1812-1863; Deputatholz für die Prediger und Schullehrer

374 Jagd- und Forstwesen: spezielle Angelegenheiten 1855-1864
Enthält u. a.: Forstrechnungen für 1863; Abkjer-Moor; Regulierung von Festehölzungen und Moore

375 Jagd- und Forstwesen: spezielle Angelegenheiten 1857-1864
Enthält u. a.: Verpachtung der Unterjagd in einigen Kirchspielen der Landschaft Eiderstedt; Zuschüsse für Aufforstungsarbeiten

416 Wegeangelegenheiten des Forstwesens 1847-1864

420 Beftofter Heide (1734-1735) 1851-1860
Darin: Karte mit der Besitzeinteilung

421 Hof Lindewitt 1833-1864
Enthält u. a.: Forst; Beiträge zu Wegekosten, Schullasten und anderen Geldausschreibungen

422 Torfanteile auf königlichen Mooren 1856-1863

423 Parzellierungen im Leerskover Moor 1852-1859

MARINEMINISTERIUM

432	Lotsen- und Bakenwesen in der Landschaft Fehmarn	1817-1853
433	Lotsenwesen auf der Elbe	1821-1852
434	Lotsenwesen in Schleimünde	1828-1854
435	Lotsen- und Bakenwesen in Flensburg	1837-1847
436	Lotsenangelegenheiten im Herzogtum Schleswig	1853-1856
437	Lotsenangelegenheiten im Herzogtum Schleswig	1857-1860
438	Lotsenangelegenheiten im Herzogtum Schleswig	1861-1863
439	Lotsenwesen in Neustadt, Heiligenhafen und Pelzerhaken	1823-1848
440	Lotsenwesen in Neustadt, Heiligenhafen und Pelzerhaken	1852-1863

ALTE FINDMITTEL

623	Findbuch des Bestandes Abt. 77.1-4	1876-1935

REGISTER

Personenregister

Sachregister

Ortsregister

Konkordanz

alte Nr.	neue Nr.	alte Nr.	neue Nr.
77.1/1 I	1	77.3c I/12 II	43
77.1/1 II	2	77.3c I/13 I	44
77.1/2	3	77.3c I/13 II	45
77.2/1	4	77.3c I/14	46
77.2/2 I	5	77.3c I/15 I	47
77.2/2 II	6	77.3c I/15 II	48
77.3b/1	7	77.3c I/16	49
77.3b/2	8	77.3c I/17 I	50
77.3b/3	9	77.3c I/17 II	51
77.3b/4	10	77.3c I/18 I	52
77.3b/5	11	77.3c I/18 II	53
77.3b/6	12	77.3c I/18 III	54
77.3b/7	13	77.3c I/19 I	55
77.3b/8-10	14	77.3c I/19 II	56
77.3b/11	15	77.3c I/20 I	57
77.3b/12	16	77.3c I/20 II	58
77.3b/13	17	77.3c I/21	59
77.3b/14	18	77.3c I/22	60
77.3b/15	19	77.3c I/23	61
77.3b/16	20	77.3c I/24	62
77.3b/17	21	77.3c I/25	63
77.3b/18	22	77.3c I/26	64
77.3b/19	23	77.3c I/27 I	65
77.3b/20	24	77.3c I/27 II	66
77.3b/21	25	77.3c I/28	67
77.3b/22	26	77.3c I/29 I	68
77.3c I/1	27	77.3c I/29 II	69
77.3c I/2	28	77.3c I/30 I	70
77.3c I/3 I	29	77.3c I/30 II	71
77.3c I/3 II	30	77.3c I/31	72
77.3c I/4	31	77.3c I/32 I	73
77.3c I/5	32	77.3c I/32 II	74
77.3cI /6	33	77.3c I/33 I	75
77.3c I/7 I	34	77.3c I/33 II	76
77.3c I/7 II	35	77.3c I/34 I	77
77.3c I/7 III	36	77.3c I/34 II	78
77.3c I/8	37	77.3c I/34a I	79
77.3c I/9 I	38	77.3c I/34a II	80
77.3c I/9 II	39	77.3c I/35	81
77.3c I/10	40	77.3c I/36	82
77.3c I/11	41	77.3c I/37 I	83
77.3c I/12 I	42	77.3c I/37 II	84

alte Nr.	neue Nr.	alte Nr.	neue Nr.
77.3c I/38 I	85	77.3c I/67 I	127
77.3c I/38 II	86	77.3c I/67 II	128
77.3c I/39	87	77.3c I/68 I	129
77.3c I/40	88	77.3c I/68 II	130
77.3c I/41 I	89	77.3c I/69 I	131
77.3c I/41 II	90	77.3c I/69 II	132
77.3c I/42 I	91	77.3c I/70	133
77.3c I/42 II	92	77.3c I/71	134
77.3c I/43 I	93	77.3c I/72	135
77.3c I/43 II	94	77.3c I/73	136
77.3c I/44 I	95	77.3c I/74	137
77.3c I/44 II	96	77.3c I/75	138
77.3c I/45 I	97	77.3c I/76 I	139
77.3c I/45 II	98	77.3c I/76 II	140
77.3c I/46	99	77.3c I/77 I	141
77.3c I/47	100	77.3c I/77 II	142
77.3c I/48 I	101	77.3c I/77 III	143
77.3c I/48 II	102	77.3c I/78 I	144
77.3c I/49	103	77.3c I/78 II	145
77.3c I/50 I	104	77.3c I/79 I	146
77.3c I/50 II	105	77.3c I/79 II	147
77.3c I/51	106	77.3c I/80	148
77.3c I/52 I	107	77.3c I/81 I	149
77.3c I/52 II	108	77.3c I/81 II	150
77.3c I/53	109	77.3c I/82 I	151
77.3c I/54	110	77.3c I/82 II	152
77.3c I/55	111	77.3c I/83 I	153
77.3c I/56	112	77.3c I/83 II	154
77.3c I/57	113	77.3c I/84 I	155
77.3c I/58 I	114	77.3c I/84 II	156
77.3c I/58 II	115	77.3c I/85	157
77.3c I/59	116	77.3c I/86	158
77.3c I/60	117	77.3c I/87 I	159
77.3c I/61	118	77.3c I/87 II	160
77.3c I/62	119	77.3c I/88	161
77.3c I/63 I	120	77.3c I/89	162
77.3c I/63 II	121	77.3c I/90	163
77.3c I/64	122	77.3c I/91 I	164
77.3c I/65	123	77.3c I/91 II	165
77.3c I/66 I	124	77.3c I/92 I	166
77.3c I/66 II	125	77.3c I/92 II	167
77.3c I/66 a	126	77.3c I/92 III	168

alte Nr.	neue Nr.	alte Nr.	neue Nr.
77.3c I/93 I	169	77.3c I/123	211
77.3c I/93 II	170	77.3c I/124	212
77.3c I/94	171	77.3c I/125	213
77.3c I/95 I	172	77.3c I/126	214
77.3c I/95 II	173	77.3c I/127	215
77.3c I/96	174	77.3c I/128	216
77.3c I/97	175	77.3c I/129	217
77.3c I/98	176	77.3c I/130	218
77.3c I/99	177	77.3c I/131	219
77.3c I/100 I	178	77.3c I/132	220
77.3c I/100 II	179	77.3c I/133	221
77.3c I/100 III	180	77.3c I/134	222
77.3c I/101 I	181	77.3c I/135 I	223
77.3c I/101 II	182	77.3c I/135 II	224
77.3c I/101 III	183	77.3c I/136	225
77.3c I/102	184	77.3c I/137 I	226
77.3c I/103	185	77.3c I/137 II	227
77.3c I/104	186	77.3c I/138	228
77.3c I/105	187	77.3c I/140	229
77.3c I/106	188	77.3c I/141	230
77.3c I/107	189	77.3c I/142	231
77.3c I/108 I	190	77.3c I/144	232
77.3c I/108 II	191	77.3c I/145 I	233
77.3c I/109	192	77.3c I/145 II	234
77.3c I/110 I	193	77.3c I/146	235
77.3c I/110 II	194	77.3c I/147	Abt. 53 Nr. 32
77.3c I/111	195	77.3c I/148 I	237
77.3c I/112	196	77.3c I/148 II	238
77.3c I/113 I	197	77.3c I/150	239
77.3c I/113 II	198	77.3c I/151 I	240
77.3c I/114	199	77.3c I/151 II	241
77.3c I/115	200	77.3c I/155	242
77.3c I/116 I	201	77.3c I/153 I	243
77.3c I/116 II	202	77.3c I/153 II	244
77.3c I/117	203	77.3c I/154	245
77.3c I/118	204	77.3c I/155	246
77.3c I/119 I	205	77.3c I/156	247
77.3c I/119 II	206	77.3c I/157 I	248
77.3c I/120	207	77.3c I/157 II	249
77.3c I/121 I	208	77.3c I/158	250
77.3c I/121 II	209	77.3c I/159 I	251
77.3c I/122	210	77.3c I/159 II	252

alte Nr.	neue Nr.
77.3c I/160 I	253
77.3c I/160 II	254
77.3c I/161	255
77.3c I/162 I	256
77.3c I/162 II	257
77.3c I/163	258
77.3c I/164	259
77.3c I/165 I	260
77.3c I/165 II	261
77.3c I/166	262
77.3c I/167a I	263
77.3c I/167a II	264
77.3c I/167b I	265
77.3c I/167b II	266
77.3c I/168	267
77.3c I/169	268
77.3c I/170	269
77.3c I/171	270
77.3c I/172 I	271
77.3c I/172 II	272
77.3c I/173 I	273
77.3c I/173 II	274
77.3c I/174	275
77.3c I/175	276
77.3c I/177	277
77.3c I/178	278
77.3c I/179	279
77.3c I/180 I	280
77.3c I/180 II	281
77.3c I/180 III	282
77.3c I/181 I	283
77.3c I/181 II	284
77.3c I/182	285
77.3c I/183	286
77.3c I/184 I	287
77.3c I/184 II	288
77.3c I/187 I	289
77.3c I/187 II	290
77.3c I/188	291
77.3c I/189 I	292
77.3c I/189 II	293
77.3c I/190 I	294

alte Nr.	neue Nr.
77.3c I/190 II	295
77.3c I/190 III	296
77.3c I/191	297
77.3c I/192	298
77.3c I/193 I	299
77.3c I/193 II	300
77.3c I/194 I	301
77.3c I/194 II	302
77.3c I/195 I	303
77.3c I/195 II	304
77.3c I/195 III	305
77.3c I/196	306
77.3c I/197	307
77.3c I/198	308
77.3c I/199	309
77.3c I/200 I	310
77.3c I/200 II	311
77.3c I/201 I	312
77.3c I/201 II	313
77.3c I/202	314
77.3c I/204 I	315
77.3c I/204 II	316
77.3c I/205 I	317
77.3c I/205 II	318
77.3c I/206 I	319
77.3c I/206 II	320
77.3c I/208 I	321
77.3c I/212 I	322
77.3c I/212 II	323
77.3c I/213 I	324
77.3c I/213 II	325
77.3c J.u.P./1	326
77.3c J.u.P./2	327
77.3c J.u.P./3	328
77.3c J.u.P./4	329
77.3c J.u.P./5	330
77.3c J.u.P./6	331
77.3c J.u.P./7	332
77.3c J.u.P./8	333
77.3c J.u.P./9	334
77.3c J.u.P./10	335
77.3c J.u.P./11	336

alte Nr.	neue Nr.	alte Nr.	neue Nr.
77.3c J.u.P./12	337	77.3d/21 I	379
77.3c J.u.P./13	338	77.3d/21 II	380
77.3c J.u.P./14	339	77.3d/22 I	381
77.3c J.u.P./15	340	77.3d/22 II	382
77.3c J.u.P./16	341	77.3d/23	383
77.3c J.u.P./17	342	77.3d/24	384
77.3c J.u.P./18	343	77.3d/25 I	385
77.3d/1	344	77.3d/25 II	386
77.3d/2 I	345	77.3d/26 I	387
77.3d/2 II	346	77.3d/26 II	388
77.3d/3 I	347	77.3d/27	389
77.3d/3 II	348	77.3d/28	390
77.3d/4	349	77.3d/29	391
77.3d/5 I	350	77.3d/30	392
77.3d/5 II	351	77.3d/31 I	393
77.3d/6 I	352	77.3d/31 II	394
77.3d/6 II	353	77.3d/31 III	395
77.3d/7 I	354	77.3d/32	396
77.3d/7 II	355	77.3d/33 I	397
77.3d/8 I	356	77.3d/33 II	398
77.3d/8 II	357	77.3d/34 I	399
77.3d/9	358	77.3d/34 II	400
77.3d/10	359	77.3d/35 I	401
77.3d/11	360	77.3d/35 II	402
77.3d/12	361	77.3d/36	403
77.3d/13 I	362	77.3d/37	404
77.3d/13 II	363	77.3d/38 I	405
77.3d/14 I	364	77.3d/38 II	406
77.3d/14 II	365	77.3d/39	407
77.3d/15 I	366	77.3d/40	408
77.3d/15 II	367	77.3d/41 I	409
77.3d/16 I	368	77.3d/41 II	410
77.3d/16 II	369	77.3d/42 I	411
77.3d/17 I	370	77.3d/42 II	412
77.3d/17 II	371	77.3d/43 I	413
77.3d/18 I	372	77.3d/43 II	414
77.3d/18 II	373	77.3d/44	415
77.3d/19 I	374	77.3d/45	416
77.3d/19 II	375	77.3d/46 I	417
77.3d/20 I	376	77.3d/46 II	418
77.3d/20 II	377	77.3d/47	419
77.3d/20 III	378	77.3d/48	420

alte Nr.	**neue Nr.**
77.3d/49	421
77.3d/50	422
77.3d/51	423
77.3d/52	424
77.3d/53 I	425
77.3d/53 II	426
77.3d/54	427
77.3d/55	428
77.3d/56 I	429
77.3d/56 II	430
77 3d/56 III	431
77.4/1	432
77.4/2	433
77.4/3	434
77.4/4	435
77.4/5	436
77.4/6	437
77.4/7	438
77.4/8	439
77.4/9	440

Veröffentlichungen des Landesarchivs Schleswig-Holstein

Band 1: Findbuch der Bestände Abt. 268 und 285: Lübecker Domkapitel mit Großvogtei und Vikarien sowie Amt Großvogtei, von Wolfgang Prange. 1975. XVII, 324 Seiten. ISBN 3-931292-01-0

Band 2: Findbuch des Bestandes Abt. 400.5: Von der Universitätsbibliothek Kiel übernommene Handschriften, von Wolfgang Prange. 1975. IV, 84 Seiten. ISBN 3-931292-02-9

Band 3: Findbuch des Bestandes Abt. 320 Eckernförde: Kreis Eckernförde, von Hans Wilhelm Schwarz. 1976. VIII, 89 Seiten. Vergriffen. Neuauflage siehe Band 44. ISBN 3-931292-03-7

Bände 4 und 5: Findbuch des Bestandes Abt. 7: Herzöge von Schleswig-Holstein-Gottorf 1544–1713. 1. und 2. Band, von Kurt Hector. 1977. XVI, XII, 852 Seiten. Nur zusammen zu beziehen. Auf die Nachträge und Indices, die als Band 11 erschienen sind, wird ausdrücklich verwiesen. ISBN 3-931292-04-5

Band 6: Findbuch des Bestandes Abt. 320 Eiderstedt: Kreis Eiderstedt 1867–1950, von Reimer Witt. 1978. VIII, 144 Seiten. Vergriffen. Neuauflage siehe Band 62. ISBN 3-931292-06-1

Band 7: Findbuch des Bestandes Abt. 218: Lauenburgisches Konsistorium zu Ratzeburg, von Wolfgang Prange. 1979. V, 148 Seiten. ISBN 3-931292-07-X

Band 8: Findbuch des Bestandes Abt. 320 Steinburg: Kreis Steinburg, von Robert Knull und Dagmar Unverhau. 1980. XVI, 215 Seiten. ISBN 3-931292-08-8

Band 9: Findbuch des Bestandes Abt. 65.1: Deutsche Kanzlei zu Kopenhagen bis 1730, von Konrad Wenn. 1981. VII, 171 Seiten. Vergriffen. ISBN 3-931292-09-6

Band 10: Findbuch des Bestandes Abt. 107: Ämter Cismar und Oldenburg, von Wolfgang Prange. 1982. VIII, 73 Seiten. Vergriffen. ISBN 3-931292-10-X

Band 11: Findbuch des Bestandes Abt. 7: Herzöge von Schleswig-Holstein-Gottorf 1544–1713. 3. Band, von Kurt Hector und Heinrich Frhr. von Hoyningen gen. Huene. 1983. Enthält Nachträge und Indices zu Band 4 und 5. XXIV, 422 Seiten. ISBN 3-931292-11-8

Band 12: Findbuch der Bestände Abt. 231, 232, 233 und 234: Ämter Lauenburg, Ratzeburg, Schwarzenbek und Steinhorst, von Wolfgang Prange und Konrad Wenn. 1984. XVII, 358 Seiten. ISBN 3-931292-12-6

Band 13: Findbuch des Bestandes Abt. 210: Lauenburgische Regierung zu Ratzeburg, von Wolfgang Prange und Konrad Wenn. 1985. XVII, 597 Seiten. ISBN 3-931292-13-4

Band 14: Findbuch des Bestandes Abt. 320 Segeberg: Kreis Segeberg, von Robert Knull und Dagmar Unverhau. 1985. XVIII, 140 Seiten. ISBN 3-931292-14-2

Band 15: Findbuch des Bestandes Abt. 320 Plön: Kreis Plön, von Hartmut Haase und Hans Wilhelm Schwarz. 1986. VIII, 262 Seiten. ISBN 3-931292-15-0

Bände 16 und 17: Findbuch der Reichskammergerichtsakten (Abt. 390 und andere), von Hans-Konrad Stein-Stegemann. 1986. 2 Bände: Titelaufnahmen und Indices. XIX, 734 Seiten. Nur zusammen zu beziehen. ISBN 3-931292-16-9

Bände 18 und 19: Findbuch der Reichskammergerichtsakten im Archiv der Hansestadt Lübeck, von Hans-Konrad Stein-Stegemann. 1987. 2 Bände: Titelaufnahmen und Indices. XXI, 1067 Seiten. Nur zusammen zu beziehen. ISBN 3-931292-18-5

Band 20: Schleswig-Holsteinische Archivtage 1985–1987 – Ansprachen und Vorträge –. Hrsg. von Angelika Menne-Haritz. 1987. 137 Seiten. ISBN 3-931292-20-7

Band 21: Schleswig-Holsteinische Regesten und Urkunden. Band 9: Herrschaft Breitenburg 1256–1598. Bearb. von Kurt Hector und Wolfgang Prange. Neumünster 1988. XI, 657 Seiten. Nur im Buchhandel erhältlich. ISBN 3-931292-21-5

Band 22: Landschaft und Siedlung im Wandel. Alte Flurkarten aus Schleswig-Holstein, Erdbücher, Urkunden, Vermessungsinstrumente. Eine Ausstellung im Landesarchiv Schleswig-Holstein 1989/1990, von Susanna Misgajski. 1989. 64 Seiten. ISBN 3-931292-22-3

Band 23: Schleswig-Holsteinische Regesten und Urkunden. Band 10: Kloster Ahrensbök 1328–1565. Bearb. von Wolfgang Prange. Neumünster 1989. 455 Seiten. Nur im Buchhandel erhältlich. ISBN 3-931292-23-1

Band 24: Findbuch des Bestandes Abt. 8.1: Schleswig-Holstein-Gottorfisches (Großfürstliches) Geheimes Regierungs-Conseil zu Kiel 1720–1773, von Wolfgang Prange und Konrad Wenn. 1989. X, 258 Seiten. ISBN 3-931292-24-X

Band 25: Findbuch des Bestandes Abt. 8.2: Schleswig-Holstein-Gottorfische (Großfürstliche) Rentekammer zu Kiel 1720–1778, von Wolfgang Prange. 1990. IX, 209 Seiten. ISBN 3-931292-25-8

Band 26: Schleswig-Holsteinische Regesten und Urkunden. Band 11: Die Protokolle des Lübecker Domkapitels 1535–1540. Bearb. von Wolfgang Prange. Neumünster 1990. 330 Seiten. Nur im Buchhandel erhältlich. ISBN 3-931292-26-6

Band 27: Durchs Objektiv gesehen. Aspekte der Filmgeschichte in Schleswig-Holstein. Eine Ausstellung im Landesarchiv Schleswig-Holstein 1992/1993, von Jutta Matz. 1992. 59 Seiten. ISBN 3-931292-27-4

Band 28: Historisches Ortsnamenlexikon von Schleswig-Holstein, von Wolfgang Laur. 2., völlig veränderte und erweiterte Auflage. Neumünster 1992. 755 Seiten. Vergriffen. ISBN 3-931292-28-2

Band 29: Findbuch der Bestände Abt. 216 und 217: Lauenburgische Gerichte, von Wolfgang Prange. 1992. 149 Seiten. ISBN 3-931292-29-0

Band 30: Schleswig-Holsteinische Regesten und Urkunden. Band 12: Die Protokolle des Lübecker Domkapitels 1522–1530. Bearb. von Wolfgang Prange. Neumünster 1992. 874 Seiten. Nur im Buchhandel erhältlich. ISBN 3-931292-30-4

Bände 31 bis 33: Findbuch des Bestandes Abt. 66: Rentekammer zu Kopenhagen, Schleswig-Holsteinische Kammer auf Gottorf, General-Landwesens-Kollegium, Steuerkommissionen, von Wolfgang Prange und Konrad Wenn. 1993. 3 Bände. 1077 Seiten. Nur zusammen zu beziehen. ISBN 3-931292-31-2

Band 34: Findbuch des Bestandes Abt. 320 Bordesholm: Kreis Bordesholm 1867–1932, von Veronika Eisermann und Hans Wilhelm Schwarz. 1993. V, 79 Seiten. ISBN 3-931292-34-7

Band 35: Urkundenbuch des Bisthums Lübeck. Teil 1. Hrsg. von Wilhelm Leverkus. Neudruck der Ausgabe von 1856. Neumünster 1994. XXXII, 901 Seiten. Nur im Buchhandel erhältlich. ISBN 3-931292-35-5

Band 36: Schleswig-Holsteinische Regesten und Urkunden. Band 13: Urkundenbuch des Bistums Lübeck. Band 2: Urkunden 1220–1439. Bearb. von Wolfgang Prange. Neumünster 1994. XIV, 656 Seiten. ISBN 3-931292-36-3

Band 37: Schleswig-Holsteinische Regesten und Urkunden. Band 8: Kloster Itzehoe 1256–1564. Bearb. von Hans Harald Hennings. Neumünster 1993. XIV, 569 Seiten. ISBN 3-931292-37-1

Band 38: Schienen zum Fortschritt. 150 Jahre Eisenbahn in Schleswig-Holstein. Ausstellungen zum Jubiläum der Eisenbahn in Schleswig-Holstein, von Christian Küster, Susanna Misgajski, Manfred Schulz und Günther Ungerbieler. 1994. 113 Seiten. Vergriffen. ISBN 3-931292-38-X

Band 39: „Der Stand der Frauen, wahrlich, ist ein harter Stand". Frauenleben im Spiegel der Landesgeschichte. Hrsg. von Elke Imberger. 1994. 231 Seiten. ISBN 3-931292-39-8

Band 40: Schleswig-Holsteins Lied und Farben im Wandel der Zeiten. Vorträge und Diskussionen eines wissenschaftlichen Symposiums: „150 Jahre Schleswig-Holstein-Lied". Hrsg. vom Schleswig-Holsteinischen Heimatbund und dem Landesarchiv Schleswig-Holstein. 1995. 112 Seiten. ISBN 3-931292-40-1

Band 41: Der 8. Mai als politische Zäsur. Ansprachen und Vorträge zum Symposium „Ende und Anfang im Mai 1945" in der Marineschule Mürwik am 17. Mai 1995 (Landeszentrale für Politische Bildung. Labskaus 4). 41 Seiten. ISBN 3-931292-41-X

Band 42: Der Kaiser, der Kanal und die Kinematographie. Begleitheft zur Ausstellung im Landesarchiv Schleswig-Holstein: Birt Acres – 100 Jahre Film in Schleswig-Holstein, von Hauke Lange-Fuchs. 1995. 71 Seiten. ISBN 3-931292-42-8

Band 43: Archive in Schleswig-Holstein. Bearb. von Veronika Eisermann und Hans Wilhelm Schwarz. 1996. 115 Seiten. ISBN 3-931292-43-6

Band 44: Findbuch des Bestandes Abt. 320.3: Kreis Eckernförde 1867–1950, von Veronika Eisermann und Hans Wilhelm Schwarz. 2., wesentlich erweiterte Auflage. 1996. VIII, 290 Seiten. ISBN 3-931292-44-4

Band 45: Schleswig-Holsteinische Regesten und Urkunden. Band 14: Urkundenbuch des Bistums Lübeck. Band 3: Urkunden 1439–1509. Bearb. von Wolfgang Prange. Neumünster 1995. 806 Seiten. ISBN 3-931292-45-2

Band 46: Schleswig-Holsteinische Regesten und Urkunden. Band 15: Urkundenbuch des Bistums Lübeck. Band 4: Urkunden 1510–1530 und andere Texte. Bearb. von Wolfgang Prange. Neumünster 1996. 839 Seiten. ISBN 3-931292-46-0

Band 47: Landgraf Carl von Hessen 1744–1836. Statthalter in den Herzogtümern Schleswig und Holstein. Eine Ausstellung im Landesarchiv Schleswig-Holstein, von Jens Ahlers, Jürgen Ostwald, Reimer Witt und Heyo Wulf. 1996. 215 Seiten. Vergriffen. ISBN 3-931292-47-9

Band 48: Findbuch des Bestandes Abt. 320.9: Kreis Husum 1867–1950, von Marion Dernehl und Reimer Witt. 1997. VII, 119 Seiten. ISBN 3-931292-48-7

Band 49: Die Wappen der Kreise, Ämter, Städte und Gemeinden in Schleswig-Holstein. Bearb. von Martin Reißmann unter Mitwirkung von Uta Hess, Jutta Matz und Hans Wilhelm Schwarz. Husum 1997. 415 Seiten. Vergriffen. ISBN 3-931292-49-5

Bände 50 bis 53: Findbuch des Bestandes Abt. 260: Regierung des Bistums, Fürstentums, Landesteils Lübeck zu Eutin, von Gertrud Nordmann, Wolfgang Prange und Konrad Wenn. 1997. 4 Bände. 1896 Seiten. Nur zusammen zu beziehen. ISBN 3-931292-50-9

Band 54: Die Anfänge des Landes Schleswig-Holstein. Vier Vorträge aus Anlaß des 50jährigen Landesjubiläums. Hrsg. vom Schleswig-Holsteinischen Heimatbund und dem Landesarchiv Schleswig-Holstein. 1997. 103 Seiten mit 10 Abb. ISBN 3-931292-51-7

Band 55: Landgraf Carl von Hessen 1744–1836. Vorträge zu einer Ausstellung. Hrsg. von Reimer Witt und Heyo Wulf. 1997. 163 Seiten. Vergriffen. ISBN 3-931292-52-5

Band 56: Der Hesterberg. 125 Jahre Kinder- und Jugendpsychiatrie und Heilpädagogik in Schleswig. Eine Ausstellung im Landesarchiv Schleswig-Holstein, von Susanna Misgajski. 1997. 157 Seiten. ISBN 3-931292-53-3

Band 57: Die Gottorfer auf dem Weg zum Zarenthron. Russisch-gottorfische Verbindungen im 18. Jahrhundert. Katalog zur Ausstellung im Landesarchiv Schleswig-Holstein, von Michail Lukitschev und Reimer Witt, unter Mitwirkung von Svetlana Dolgova, Jutta Matz, Marina Osekina und Sven Schoen. 1997. 203 Seiten. Vergriffen. ISBN 3-931292-54-1

Band 58: Schleswig-Holsteinische Regesten und Urkunden. Band 16: Urkundenbuch des Bistums Lübeck. Band 5: Siegelzeichnungen, Überlieferung, Indices. Bearb. von Wolfgang Prange. Neumünster 1997. 363 Seiten. ISBN 3-931292-32-0

Band 59: Schleswig-Holsteinische Beamte 1816–1848, von Gertrud Nordmann. 1997. VII, 445 Seiten. ISBN 3-931292-56-8

Band 60: Findbuch des Bestandes Abt. 170: Landschaft Stapelholm 1699–1867 (–1925), von Marion Dernehl. 1998. V, 52 Seiten. ISBN 3-931292-17-7

Band 61: Findbuch des Bestandes Kreis Herzogtum Lauenburg (Ratzeburg) 1873–1950, von Cordula Bornefeld und Hartmut Haase. 2001. 2 Bände. XIII, VIII, 687 Seiten. ISBN 3-931292-33-9

Band 62: Findbuch des Bestandes Abt. 320.4: Kreis Eiderstedt 1867–1950. Neu bearb. von Marion Dernehl und Reimer Witt. 1998. 2., erweiterte Auflage. IX, 167 Seiten. ISBN 3-931292-19-3

Band 63: Die Staatsgrundgesetze 1848/49 in Schleswig-Holstein und Lauenburg: Reprint zeitgenössischer Drucktexte. Hrsg. vom Verein zur Förderung des Landesarchivs Schleswig-Holstein e. V. 1998. 63 Seiten. ISBN 3-931292-55-X

Band 64: Heinrich Rantzau (1526–1598) – Statthalter in Schleswig und Holstein. Ein Humanist beschreibt sein Land. Katalog zur Ausstellung im Landesarchiv Schleswig-Holstein. Landesbeschreibung – Aufsätze – Katalog. Hrsg. von Marion Bejschowetz-Iserhoht, Hans Braunschweig, Reimer Witt und Heyo Wulf. 1999. 346 Seiten. ISBN 3-931292-57-6

Band 65: Arkivfortegnelse/Findbuch der Bestände Tønder kreds/Kreis Tondern 1867–1920 und/og Kreis Südtondern/Sydtønder kreds 1920–1950 i/im Landsarkivet for Sønderjylland und/og Landesarchiv Schleswig-Holstein. Redaktion Bettina Reichert und Hans Schultz Hansen. 1999. XIII, 353 Seiten. ISBN 3-931292-58-4

Band 66: Staatsgrundgesetze 1848/49 in Schleswig-Holstein und Lauenburg. Katalog zur Ausstellung im Haus Mecklenburg, Ratzeburg, 11. Mai bis 7. November 1999, von Hans Wilhelm Schwarz. 1999. 104 Seiten. ISBN 3-931292-61-4

Band 67: Findbuch des Bestandes Abt. 20: Herzöge von Schleswig-Holstein-Sonderburg-Plön, von Wolfgang Prange und Konrad Wenn. 1999. XVIII, 221 Seiten. ISBN 3-931292-62-2

Band 68: Findbuch des Bestandes Abt. 2002: Landesfilmarchiv, von Dirk Jachomowski. 1999. XVI, 258 Seiten mit 70 Abb. ISBN 3-931292-59-2

Band 69: Gilden in Schleswig-Holstein. Vorträge zur Ausstellung im Landesarchiv Schleswig-Holstein. Hrsg. von Marion Bejschowetz-Iserhoht, Reimer Witt und Heyo Wulf. 2000. 171 Seiten mit 17 Abb. ISBN 3-931292-63-0

Band 70: Findbuch Helgoländer Bestände: Abt. 174 Landschaft und britische Kronkolonie Helgoland, Abt. 131 Landgemeinde Helgoland, Abt. 320.22 Inselkreis Helgoland, von Malte Bischoff und Robert Knull. 2003. 70 Seiten. ISBN 3-931292-60-6

Band 71: Wappen – Zwischen Tradition und Fortschritt. Begleitheft zur Ausstellung im Landesarchiv Schleswig-Holstein, von Martin Reißmann. 2000. 35 Seiten mit 24 Abb. ISBN 3-931292-65-7

Band 72: Findbuch des Bestandes Abt. 3: Grafschaft Holstein-Schauenburg-Pinneberg. Bearb. von Malte Bischoff und Lars E. Worgull. 2002. 89 Seiten. ISBN 3-931292-66-5

Band 73: Arkivfortegnelse/Findbuch der Bestände Tønder amt til 1867/Amt Tondern bis 1867 i/im Landsarkivet for Sønderjylland og/und Landesarchiv Schleswig-Holstein. Bettina Reichert und Jesper Thomassen. 2001. XXX, 377 Seiten. ISBN 3-931292-67-3

Band 74: Im Spannungsfeld zwischen Regional- und Landesgeschichte. Vorträge eines Regionalsymposiums im Landesarchiv Schleswig-Holstein. Hrsg. von Reimer Witt. 2003. 115 Seiten. ISBN 3-931292-64-9

Band 75: Von Gottesfurcht und Kirchenzucht. Aspekte kirchlichen Lebens in Schleswig-Holstein im 17. Jahrhundert. Katalog zur Ausstellung im Landesarchiv Schleswig-Holstein. Hrsg. von Marion Bejschowetz-Iserhoht, Malte Bischoff und Reimer Witt. 2001. 71 Seiten mit 38 Abb. ISBN 3-931292-68-1

Band 76: Beiträge zur schleswig-holsteinischen Geschichte. Ausgewählte Aufsätze, von Wolfgang Prange. Neumünster 2002. XIV, 610 Seiten. ISBN 3-529-02212-8

Band 77: Archivalien zur Geschichte Schleswig-Holsteins im Niedersächsischen Staatsarchiv in Stade, von Robert Gahde. 2002. 91 Seiten. ISBN 3-931292-69-X

Band 78: Kirchliches Leben in Schleswig-Holstein im 17. Jahrhundert. Vorträge zu einer Ausstellung im Landesarchiv Schleswig-Holstein. Hrsg. von Marion Bejschowetz-Iserhoht und Reimer Witt. 2003. 215 Seiten. ISBN 3-931292-71-1

Band 79: Nicht erschienen.

Band 80: Schleswig-Holstein und die Niederlande – Aspekte einer historischen Verbundenheit. Katalog zur Ausstellung im Landesarchiv Schleswig-Holstein-Hrsg. von Ernst Joachim Fürsen und Reimer Witt. 2003. 183 Seiten . ISBN 3-931292-72-X

Band 81: Findbuch des Bestandes Abt. 320.12: Kreis Pinneberg, von Robert Knull. 2003. IX, 127 Seiten. ISBN 3-931292-73-8

Band 82: Das dritte Elbherzogtum. Der Kreis Herzogtum Lauenburg und seine Geschichte. Eine Ausstellung des Landesarchivs Schleswig-Holstein und des Kreises Herzogtum Lauenburg, von Eckardt Opitz und Martin Knauer. 2003. [34] Bl. Vergriffen. ISBN 3-931292-74-6

Band 83: Von ehrbaren Handwerkern und Böhnhasen – Handwerksämter in Schleswig-Holstein. Katalog zur Ausstellung im Landesarchiv Schleswig-Holstein. Hrsg. von Marion Bejschowetz-Iserhoht und Reimer Witt. 2004. 76 Seiten mit 36 Abb. ISBN 3-931292-75-4

Band 84: Findbuch des Bestandes Abt. 320.11: Kreis Oldenburg 1867–1950. Bearb. von Veronika Eisermann. 2004. VI, 46 Seiten. ISBN 3-931292-76-2

Band 85: Findbuch des Bestandes Abt. 314: Oberversicherungsamt, von Wulf Pingel. 2005. V, 51 Seiten. ISBN 3-931292-77-0

Band 86: Belli Dithmarsici vera descriptio – Wahre Beschreibung des Dithmarscher Krieges, von Heinrich Rantzau (Christianus Cilicius Cimber). Edition, Einleitung und Übersetzung von Fritz Felgentreu. 2009. 252 Seiten mit 12 Abb. ISBN 978-3-931292-78-2

Band 87: Findbuch des Bestandes Abt. 301: Oberpräsidium und Provinzialrat der Provinz Schleswig-Holstein, von Elke Imberger. 2005. XXVIII, 576 Seiten. ISBN 3-931292-79-7

Band 88: Findbuch des Bestandes Abt. 111: Ämter Reinbek, Trittau, Tremsbüttel, von Dirk Jachomowski und Wulf Pingel. 2006. XI, 261 Seiten. ISBN 3-931292-80-0

Band 89: Das Landesarchiv Schleswig-Holstein. Eine Betrachtung aus archivtechnischer Sicht, von Roland Lucht. 2., komplett überarb. Auflage. 2014. 95 Seiten mit 22 Abb. ISBN 978-3-943423-11-2

Band 90: Findbuch des Bestandes Abt. 47: Christian-Albrechts-Universität Kiel. Teil 1: 1665–1945, von Georg Asmussen. 2007. VI, 185 Seiten. ISBN 978-3-937816-43-2

Band 91: Findbuch des Bestandes Abt. 47.1: Kuratorium der Christian-Albrechts-Universität, von Georg Asmussen. 2007. VIII, 61 Seiten. ISBN 978-3-937816-44-9

Band 92: 99 Silbermünzen. Der Haselauer Münzfund aus der Zeit des Dreißigjährigen Krieges. Katalog zur Ausstellung im Landesarchiv Schleswig-Holstein. Hrsg. von Marion Bejschowetz-Iserhoht und Rainer Hering. 2008. 215 Seiten mit 151 Abb. ISBN 978-3-931292-82-9

Band 93: Die Ordnung der Natur. Historische Gärten und Parks in Schleswig-Holstein. Katalog zur Ausstellung des Landesarchivs Schleswig-Holstein in Zusammenarbeit mit dem Archiv für Architektur und Ingenieurbaukunst. Hrsg. von Marion Bejschowetz-Iserhoht und Rainer Hering. 2008. 215 Seiten mit 121 Abb. ISBN 13: 3-931292-83-6

Band 94: Findbuch des Bestandes Abt. 79: Ministerium für das Herzogtum Schleswig zu Kopenhagen 1851–1864, von Jörg Rathjen. 2008. XI, 121 Seiten. ISBN 978-3-937816-48-7

Band 95: Archive zwischen Konflikt und Kooperation/Arkiver mellem konflikt og samarbejde. 75 Jahre deutsch-dänisches Archivabkommen von 1933/75 år dansk-tysk arkivoverenskomst af 1933. Hrsg. von/udgivet af Rainer Hering, Johan Peter Noack, Steen Ousager und/og Hans Schultz Hansen (Landesarchiv Schleswig-Holstein/Statens Arkiver i Danmark). 2008. 159 Seiten mit 1 Abb. ISBN 978-3-937816-59-3

Band 96: Die Ordnung der Natur. Vorträge zu historischen Gärten und Parks in Schleswig-Holstein. Hrsg. von Rainer Hering. 2009. 271 Seiten mit 119 Abb. ISBN978-3-937816-65-4

Band 97: Findbuch der Bestände Abt. 80 und 56: Ministerium für die Herzogtümer Holstein und Lauenburg zu Kopenhagen 1852–1864 sowie Holsteinische Regierung zu Kopenhagen bzw. Plön 1862–1864, von Jörg Rathjen. 2010. XXII, 620 Seiten. ISBN 978-3-937816-66-1

Band 98: Findbuch des Bestandes Abt. 109: Ämter Reinfeld, Rethwisch, Traventhal, von Wulf Pingel. 2010. VII, 116 Seiten. ISBN 978-3-937816-77-7

Band 99: Findbuch der Bestände Abt. 51 bis Abt. 55: Regierungen der Herzogtümer während der Erhebung 1848–1851, Dänische Immediatkommission zur gemeinsamen Regierung der Herzogtümer in Sonderburg 1848–1849, Landesverwaltung für das Herzogtum Schleswig 1849–1851 und Dänischer Regierungskommissar 1850–1851, Oberste Zivilbehörde für das Herzogtum Holstein in Kiel 1851–1852 sowie Militärische Behörden der Erhebungszeit 1848–1851, von Jörg Rathjen. 2010. XV, 606 Seiten. ISBN 978-3-937816-78-4

Band 100: Archivführer Schleswig-Holstein. Archive und ihre Bestände. Hrsg. vom Landesarchiv Schleswig-Holstein, dem Verband schleswig-holsteinischer Kommunalarchivarinnen und -archivare e. V. (VKA) und dem Nordelbischen Kirchenarchiv. 2011. 504 Seiten mit zahlreichen Abb. ISBN 978-3-937816-83-8

Band 101: Das Gedächtnis unseres Landes. Archive in Schleswig-Holstein. Begleitschrift zur Ausstellung. Hrsg. von Manfred von Essen, Rainer Hering, Anke Rannegger und Johannes Rosenplänter. 2011. 50 Seiten mit zahlreichen Abb. ISBN 978-3-931292-85-0

Band 102: Findbuch des Bestandes Abt. 22: Herzöge von Schleswig-Holstein-Sonderburg-Augustenburg, von Jörg Rathjen. 2012. X, 213 Seiten. ISBN 978-3-937816-89-0

Band 103: Findbuch der Bestände Abt. 57 bis Abt. 62: Bundeskommissare für die Herzogtümer Holstein und Lauenburg 1863–1864, Österreichisch-preußische Oberste Zivilbehörde für das Herzogtum Schleswig 1864, Österreichisch-preußische Oberste Zivilbehörde für die Herzogtümer Schleswig, Holstein und Lauenburg 1864–1865, Österreichischer Statthalter für das Herzogtum Holstein, Preußischer Gouverneur für das Herzogtum Schleswig, Oberpräsident für die Herzogtümer Schleswig und Holstein (von Scheel-Plessen) in Kiel, Holsteinische Landesregierung in Kiel 1864–1866, Schleswig-Holsteinische Landesregierung in Schleswig 1865, Schleswigsche Regierung zu Schleswig 1865–1868, Zivilverwaltung/Regierung für Holstein 1866–1868, von Jörg Rathjen. 2012. XIII, 262 Seiten.
ISBN 978-3-937816-90-6

Band 104: Wie mächtig sind Archive? Perspektiven der Archivwissenschaft. Hrsg. von Rainer Hering und Dietmar Schenk. 2013. 204 Seiten mit 18 Abb.
ISBN 978-3-943423-03-7

Band 105: Prinz Heinrich von Preußen. Großadmiral, Kaiserbruder, Technikpionier. Hrsg. von Rainer Hering und Christina Schmidt. 2013. 256 Seiten mit zahlreichen Abb. ISBN 978-3-529-06100-4

Band 106: Findbuch der Bestände Abt. 18 und 19: Generalsuperintendent für Schleswig und Generalsuperintendent für Holstein, von Jörg Rathjen. 2016. X, 158 Seiten. ISBN 978-3-943423-14-3

Band 107: Schleswig-Holsteinische Regesten und Urkunden. Band 17: Das Protokoll des Lübecker Domkapitels 1544–1549 mit ergänzenden Texten. Bearb. von Wolfgang Prange. In Verbindung mit der Gesellschaft für Schleswig-Holsteinische Geschichte hrsg. vom Landesarchiv Schleswig-Holstein. 2016. 201 Seiten mit 4 Abb. ISBN 978-3-943423-26-6

Band 108: 1864 – Menschen zwischen den Mächten/1864 – Mennesker mellem magterne. Hrsg. von/udgivet af Rainer Hering und/og Hans Schultz Hansen unter Mitarbeit von/under medvirken af Elke Imberger. Übersetzungen/Oversættelser: Eckhard Bodenstein. 2015. 478 Seiten mit 54 Abb.
ISBN 978-3-943423-24-2

Band 109: Die „Reichskristallnacht“ in Schleswig-Holstein. Der Novemberpogrom im historischen Kontext. Hrsg. von Rainer Hering. 2016. 394 Seiten mit 41 Abb.
ISBN 978-3-943423-30-3

Band 110: Findbuch des Bestandes Abt. 13: Obergericht zu Gottorf 1713–1834, von Jörg Rathjen. 2017. IX, 185 Seiten. ISBN 978-3-943423-17-4

Band 111: Findbuch des Bestandes Abt. 320.6: Kreis Flensburg-Land 1867–1968, von Hartmut Haase. 2017. VI, 163 Seiten. ISBN 978-3-943423-18-1

Band 112: Findbuch des Bestandes Abt. 49: Schleswig-Holsteinische Regierung auf Gottorf 1834-1851, von Jörg Rathjen. 2017. XIII, 573 Seiten
ISBN 978-3-943423-32-7

Band 113: Gestalten des Archivs. Nachgelassene Schriften zur Archivwissenschaft, von Adolf Brenneke. Hrsg. und mit einem Nachwort versehen von Dietmar Schenk. 2018. 270 Seiten mit 16 Abb. ISBN 978-3-943423-50-1

Band 114: Findbuch des Bestandes Abt. 77: Dänische Ministerien, von Jörg Rathjen. 2018. IX, 70 Seiten. ISBN 978-3-943423-55-6

Die Ausstellungskataloge sowie vor Band 89 erschienene Werke sind direkt über das Landesarchiv zu beziehen. Die Preise dieser Bände beinhalten die Versandkosten.

Landesarchiv Schleswig-Holstein
Prinzenpalais
24837 Schleswig
Telefon 04621 8618-00
Fax 04621 8618-01
landesarchiv@la.landsh.de
www.schleswig-holstein.de/landesarchiv

Ab Band 89 stehen die Bände, die bei Hamburg University Press veröffentlicht werden (ISSN 1864-9912), zum kostenlosen Lesen und Herunterladen sowie als hochwertige Printversion zur Verfügung. Die Printversion kann über den Buchhandel oder direkt beim Verlag bezogen werden:

Hamburg University Press
Verlag der Staats- und Universitätsbibliothek Hamburg Carl von Ossietzky
Von-Melle-Park 3
20146 Hamburg
Telefon 040 42838-7146
Fax 040 42838-3352
order.hup@sub.uni-hamburg.de
hup.sub.uni-hamburg.de